中小學生必須認識的
台灣歷史人物

中小學生必須認識的

台灣歷史人物

作者◎曹若梅　繪圖◎官月淑　審校◎施志汶

成大歷史系 **林瑞明教授** 推薦

心底的故鄉

時間，宛若一條沒有堤防的河，源源流過歲歲年年；瞬息萬變的世間事，迅速地自你我身邊流過，唯有歷史的記載與呈現，可以抓住那稍縱即逝的瞬間，這是我喜歡歷史的原因。

故事，充滿著悲歡離合，彷彿是拼湊了縹緲的過往雲煙，讓曲折的歷史情節撼動人心。時間的腳步不曾停歇，人們的記憶稍縱即逝，但唯有故事的串聯，才能把握住古往今來的點點滴滴，這便是我寫故事的緣起。

人物，是歷史舞台上的主角。因爲他們精采的演出，在時代光影的變遷裡，襯托出一齣齣不平凡的好戲。透過歷史和故事的詮釋，人物重新鮮活亮麗起來，他們不只演出世代傳承的經驗，也培養後世對「古往」的崇敬，以及對「今來」的珍惜。這份情懷不僅是人文教育的基石，更是彼此精神匯集的力量所在；唯有如此，共生於這片土地上的你我，才能使我們的智慧更上層樓。

因此，人物故事如何彰顯於歷史教材，並能兼顧著眞實與趣味，一直是我熱中思考的問題。從事國中歷史教育的我，應該爲孩子們留下什麼記憶？培養出何種情操？省思之後，成爲我撰寫本書的原動力，也是油然而生的鄉情抒發。

每天迎著晨曦走入校園，披灑著落日餘暉踏上歸程，二十載如一日，教過數不清的學生，分別來自四面八方，大家的「原鄉」究竟何在？原來，就是腳下踩踏的這片土地。

或許我們不曾特別留意這片土地，但是，如果一旦分離，那份踏實祥和的感覺立刻不翼而飛。因爲，對這片土地的情懷，早已深藏在我們心底，連繫著我們的所有。不論過去來自何地，將來又奔向何方，故鄉所蘊含的情愫，是永遠也無法磨滅的。

對十三、四歲的孩子來說，陳述這種鄉情或許太過深奧，單調地照本宣科、講述課文，似乎又太乏味。所以，我用歷史人物故事的串場，挑起孩子們的學習興趣，並讓他們明瞭，先民不只是開墾這片土地，他們用熱血灌溉，用人格滋養，用智慧豐潤，才有今日你我共生的空間。

當孩子們揚帆啓航，以蓬勃的力量開創未來時，彼此之間都累積了共同的記憶，凝聚了共同的情感，並珍惜共同的擁有，那就是你我心底的故鄉——台灣。

本書裡的每則歷史故事，只單純地陳述事件及介紹人物，並非價值判斷或評論，也許這正是我希望孩子們從多元化的角度思考問題，進而廣泛學習的一種心態，我也深深感激當年教育我的師長們，能以誘導思考的教學方式，鼓舞學生的學習興趣。今天，當我們暢飲著同源的清泉，凝聚出共同的情感，而為生命共同體一起努力時，希望二十一世紀的孩子們，也有同樣的情操，抒發心底的故鄉情，綻放出更亮麗的光輝。

本書出版的過程中，承蒙多位學者指導，以及專業的工作人員鼎力相助，在此致上最誠摯的感謝，並期盼專家先進仍不吝指教之。

曹若梅

二〇〇五年於台北

目次

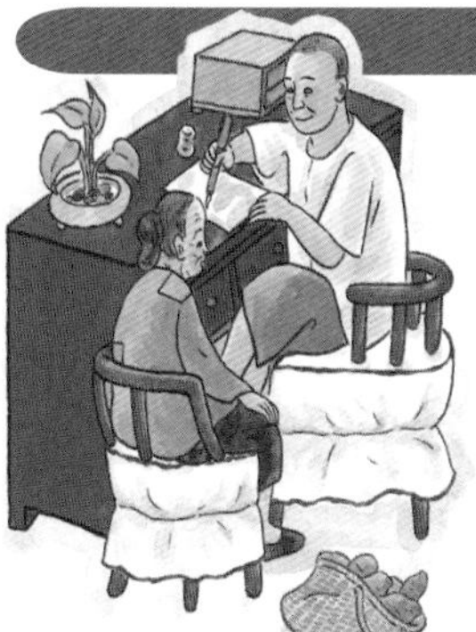

念台

沈有容

逼退紅毛番，保護澎湖的將軍

一九一九年（民國八年）秋天，澎湖的媽祖廟終於動工翻修了，這在當地可眞是一件了不得的大事。那一天風和日麗，工地裡人聲鼎沸，一陣鞭炮聲中，媽祖廟的地基開挖。就在祭壇下方，發現了一塊石碑，工人清除泥土，只見這碑長約八尺、寬一尺多，上面刻著「沈有容諭退紅毛番韋麻郎等」十二個大字。

「沈有容是誰？韋麻郎又是誰？」在大家一片疑問聲中，私塾的老師走了過來：「各位！沈有容不但是個智勇雙全的奇人，而且和我們澎湖還大有關係呢！」

「眞的嗎？就請您說給我們聽聽吧！」老師含笑點了點頭：「說起這位沈將軍……」

沈有容是安徽宣城人，父親沈寵曾經做過官，沈有容從小好武，喜讀兵書，曾對父親說：「如今國家積弱，大丈夫怎能侷限於八股文而無作爲呢？應該效法霍去病、班超等人立功異域啊！」明神宗萬曆年間，他考取鄉試武舉，取得軍官的資格。

i

◎關於漢人移民澎湖的可靠紀錄，可追溯自西元十二世紀的南宋時期。南宋的《諸番志》中曾載有：「泉有海島曰澎湖，隸晉江縣。」可見當時的澎湖不僅已是宋朝版圖，並有相當多的漢人移民。移民渡海時祈求天后媽祖的庇祐，因而在澎湖修建歷史悠久的「天后宮」。

◎沈有容擊退荷蘭人之後，荷人於一六二二年又佔澎湖，居民因恐「諭退紅毛番」石碑遭人破壞，便將之深埋地下，直到民國以後修建天后宮，石碑才意外地被挖掘出來。

◎「八股取士」是指明、清之際，科舉考試的內容以四書、五經為範圍，文章格式則有嚴格的限制，俗稱「八股文」。如此一來，使得讀書人思想閉塞僵化。

這時候，遼東戰況吃緊，沈有容投入薊遼總督梁夢龍部下，屢次率軍遠征，他身先士卒，以寡擊眾，積功授都司僉書，世廕千戶。後來又應援朝鮮，但因病痛而回鄉修養。

一六〇一年（明萬曆二十九年），東南沿海倭寇猖獗，賊船從廣東到福建、浙江，一路地燒殺掠奪，沈有容奉巡撫金學曾之命，在浯嶼建立水師，待命出擊。倭寇自烏坵出澎湖，又占領東番（即今台灣西南部一帶），巡撫命令沈有容見機行事，前往進剿。

沈有容暗中派出漁民偵察敵情，並且繪製了沿岸港灣的地形圖。為了避免打草驚蛇，他嚴格地保密，甚至連妻子親信都不知道進剿東番的計畫。

第二年的十二月十一日，沈有容親率舟師二十四艘，直航東番。當命令頒布時，將士們卻是一片譁然：「將軍，這個季節黑水溝（台海、澎湖附近的海域）風浪險惡，過往船隻凶多吉少，恐怕不宜出征！」「行軍作戰講究的是出奇制勝，我軍攻其不備，必能一鼓而勝。至於航途中的險阻，又何足道哉！」沈有容堅決地表示。

第二天，船過黑水溝，海上突然狂風大起，巨浪滔天，船艦在風浪中顛簸，真是險象

◎霍去病和班超都是兩漢時期開拓西域的英雄人物。霍去病深受漢武帝賞識，年僅二十便以「驃騎將軍」之威大破匈奴，可惜英年早逝，死時才二十四歲。東漢的班超在西域停留三十一年，降伏五十多國，被封為「定遠侯」。

環生，只好暫時進入澎湖避風。風浪平靜後檢點船艦，發現只剩下十四艘。「將軍，兵士們心情沮喪，紛紛要求回師停戰。」面對這樣的報告，沈有容毫不動搖，他斷然下令：「直航東番。」

經過一夜的航程，終於抵達東番。倭寇料想不及，倉皇中紛紛逃竄，沈有容率軍奮勇追擊，取得大勝。

激烈的戰役中，賊船被毀六艘，倭寇投水溺亡者不計其數。沈有容又救回被海盜擄走的漳州、泉州漁民三百七十多人。這一役，使狂妄跋扈的日本海盜，暫時平息侵占台灣的野心，東南沿海的漁民百姓更是額手稱慶。

可惜好景不長，走了倭寇，又

◎烏坵屬金門縣，是位於金門和馬祖之間的一個小島。

◎歐洲人在十五世紀末發現到印度的新航路，便紛紛前來遠東尋覓殖民地，其中以葡萄牙和西班牙最佔優勢。一五五七年葡人取得澳門，一五七一年西班牙則佔菲律賓的馬尼拉。一五八一年荷蘭脫離西班牙獨立成功，此後在海上的發展突飛猛進，而於一六〇四年佔領澎湖。他們與東方人的膚色髮色差距甚大，而被當地人稱之為「紅毛番」。

來了西洋紅毛番。明朝末年，正是東西海上航線開通的時機，歐洲的軍人、商人和冒險家，紛紛湧向東方，尋求貿易和發財的機會。這時，明朝為了對付倭寇，早已宣布海禁政策，不准外番來華通商貿易。可是，商人和官吏貪圖重利，根本沒有徹底執行海禁。到了一六〇四年（明萬曆三十二年），就發生了荷蘭聯合艦隊司令韋麻郎（Wijbrand van Waerwijck）侵占澎湖的事件。

韋麻郎在當年的五月三十日，率領艦艇先到南洋大泥（Pata-ni），當地的華商慫恿他佔據澎湖：「提督大人，澎湖無人防禦，可以不費吹灰之力到手；加上福建的官員愛財如命，您只要花點銀兩，保證更是易如反掌！」

於是，韋麻郎率艦北行，果然毫不費力地就佔了澎湖，福建沿岸商人聽說荷蘭人到了澎湖，都私下跑去和他交易。韋麻郎大為高興，命部下在澎湖搭造房屋，有了久佔此地的念頭。

消息傳到福州，巡撫徐學聚十分震驚，神情嚴肅地告訴沈有容：「當年廣東准許葡萄牙人通商，結果葡人久據不去，至今未平；現在要是讓荷蘭人佔了澎湖，中國將永無寧日。你有勇有謀，想必可以擔此重任，護衛國土的安全。」

「大人請放心，古人所謂『兵凶戰危』，就是說戰勝了難免死傷無辜，戰敗則了又使國威受損。屬下以為，不如示之以威，諭之以理，讓他明白無利可圖、無機可趁，自然就會撤兵而去！」

沈有容大閱水師，並親率戰船五十艘，直抵澎湖。韋麻郎沒想到明朝軍隊這麼快就來了，心裡有了怯意，只好擺出笑臉說道：「我們在此請求通商，並無惡意，閣下何必以兵戎相見？」沈有容不急不緩地回答：「本朝嚴禁外人來華通商，法令頒布已非一日，你們擅自佔領澎湖，於法所不容。如果是爲了通商貿易，我國商船開往大泥、爪哇等地甚多，閣下儘可以在那兒交易，不能在此逗留！」

韋麻郎看出沈有容的態度堅決，不禁變了臉色。他自恃船堅炮利，不惜與沈有容決一勝負。沈有容從容不迫地說道：「閣下倘若執迷不悟，一旦我斷了你們的糧食飲水，那就後悔莫及了！」韋麻郎沉思許久，終於決定撤離澎湖。

沈有容的一席話，逼退了荷蘭人，免去戰爭的傷亡，確保明朝的疆域。爲了紀念他這段事績，就豎立「沈有容諭退紅毛番韋麻郎等」的石碑。如今這塊具有歷史價值的石碑保存在澎湖的「天后宮」，紀念四百年前保疆衛土的沈有容。

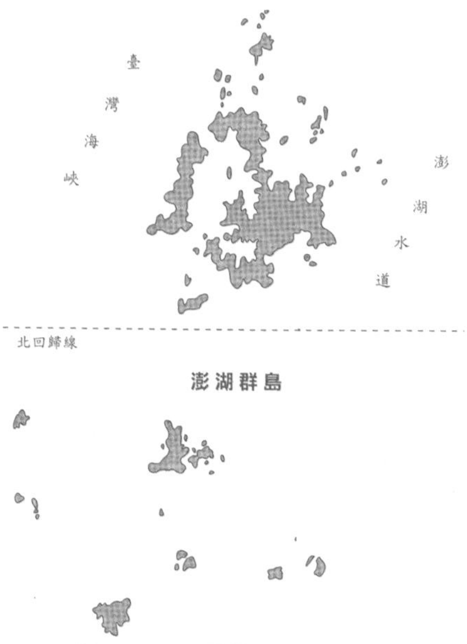

郭懷一

奮勇抗荷的漢人領袖

浩瀚無垠的大海，讓人充滿遐思，人類一直夢想征服海洋，可以乘船縱橫四海，但卻苦於航海工具的不足，而遲遲不敢放手一搏。到了十五世紀，歐洲的葡萄牙、西班牙先後完成遠洋的計畫，航海路線不僅遠跨歐、亞、非洲，甚至發現了美洲新大陸，其他的國家諸如荷蘭、英、法等國，也爭相加入航海事業的行列，他們在海外佔領殖民地，積極拓展商業，例如葡萄牙佔

領了澳門，西班牙據有菲律賓，而荷蘭則遠征到台灣。

荷蘭在西元一六〇二年（明神宗萬曆三十年）成立「聯合東印度公司」，負責發展亞洲地區的海上貿易，兩年後便派兵佔領澎湖。對中國朝廷而言，澎湖乃是疆域範圍之內，絕不容許外人強佔，於是，荷蘭人被明朝軍隊擊退，暫時離開澎湖。

基於商業擴展的需要，到了一六二二年（明思宗天啓二年），荷蘭人再度佔領澎湖，不可避免地，又和明朝軍隊展開激戰。這時候，明朝政府一方面派兵應戰，另一方面，也示意荷蘭人可以轉移到不屬於明朝版圖的台灣，荷蘭得到明廷的默許，兩年後到了台灣，先從大員（今台南安平）登陸，接著掌控了整個南台灣。

荷蘭人先在大員建立熱蘭遮城

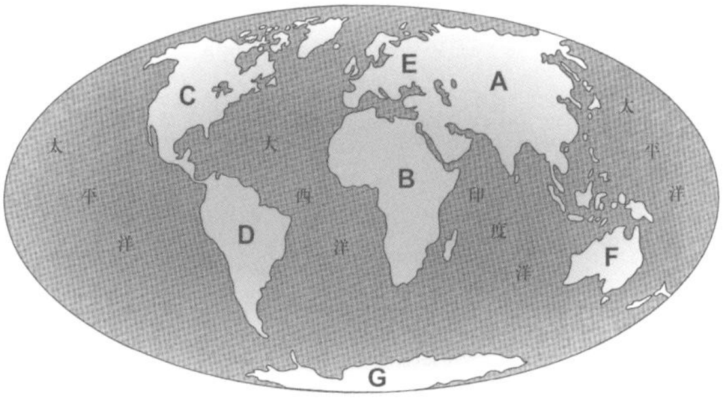

●世界各州位置圖

A 亞洲　B 非洲　C 北美洲　D 南美洲　E 歐洲
F 澳洲　G 南極洲

◎歐洲最早致力於遠洋發展的應是葡萄牙，一四八六年發現非洲南端的好望角；到了一四九二年，西班牙所派的哥倫布船隊發現美洲新大陸，人類歷史從此進入海權時代，大西洋沿岸的國家因為發展航海事業而富強。

◎一六〇二年成立的「聯合東印度公司」，是荷蘭人獨霸海上貿易的一個組織，不僅資金巨大，還可以用國家的名義成立軍隊，對外宣戰、媾和，任命殖民地的統治官員。

◎荷蘭人在一六二四年自澎湖撤退，轉往大員（今台南），立即在當地修築城堡，稱為「奧蘭稔」（Orange），後來改稱「熱蘭遮城」（Fort Zeelandia），耗時八年多才完工。

（Fort Zeelandia今安平古堡的前身），以鞏固軍事，接著再圖謀向北台灣發展。這時候的北台灣是由西班牙人所掌控，荷蘭人如果想要獨霸全台，就必須先安定南部，所以短短十年之間，荷蘭人以威逼利誘和傳教的方式，降伏了將近五十多個原住民部落，每個部落的「長老」都必須向荷蘭人宣示效忠，再接受荷蘭長官的命令，宣達給自己的族人知曉。荷蘭人利用長老有效地統治原住民，的確爲政權奠定了堅強的根基。

荷蘭人終於在一六四二年（明思宗崇禎十五年）將西班牙人完全逐出台灣，達成佔領全台的目的。原住民迫於情勢，屈服在荷蘭統治下的部落越來越多，荷蘭政府也不斷派出傳教士、政務官、商務員、

◎原住民在荷蘭人所設的學校裡就讀，被授以關於宗教教理大要，又以羅馬字學習讀和寫。根據統計，明思宗崇禎年間就學人數已達數百人，南明時期更高達千人，還有五十多位原住民可以協助教學，足見荷蘭在台教化事業的發展成果。

◎滿族統領努爾哈赤統一各部落奠定建國基礎，其子皇太極改國號為清。清初入關建國的皇帝則是世祖，年號順治，其後依序為聖祖康熙、世宗雍正、高宗乾隆、仁宗嘉慶、宣宗道光、文宗咸豐、穆宗同治、德宗光緒、宣統帝。

醫務員等人，對原住民進行更嚴密的控制。這些政策中，宗教的傳播是很重要的一項，荷蘭人在各地廣建教堂，還用羅馬拼音將原住民的語言拼注成文字，目前所保留的《新港文書》，就是當時拼注西拉雅族新港語所留下來的一些資料。

原住民之外，台灣已有不少來自中國大陸的移民。對付這些漢人，荷蘭人又有一套不同的政策，首先是限制漢人不得任意集會結社、私藏武器，以防止漢人起事叛亂；再來是只給漢人農事生產的工具，卻不准他們擁有土地，漢人辛苦工作，卻無法累積財富，再加上其他苛捐雜稅的項目，更是不勝枚舉，受到種種壓迫，漢人心裡自然是憤恨難平。

「這批紅毛番對我們的迫害，眞讓人忍無可忍！」

「是啊！還強迫我去信什麼洋教，否則就逼我跟原住民的老婆離婚，簡直是喪盡天良！」就在衆人一片哀怨聲中，促成了郭懷一聚衆起義抗荷。

郭懷一是福建人，當年跟隨鄭芝龍渡海來台，後來就留在台南從事開墾。因爲他的個性豪爽，做人重感情、講義氣，漸漸就成了赤崁一帶的漢人領袖，大家有事都找他商量，有苦楚也向他傾訴，關於荷蘭人壓迫漢人這件事，郭懷一自己也深受其害，當然是義憤塡膺。

郭懷一決定帶領大家起來反抗，就在一六五二年（清順治九年），大夥兒挑定八月十五日舉事，不幸機密洩漏，郭懷一只好宣布提前十天行動：「鄉親們，讓我們齊聚力量，反抗紅毛的暴政！」

不過，郭懷一所領導的，只是一般手持棍棒的農民，不僅缺乏訓練，也欠缺精良的武器，他們根本不是荷蘭正規軍的對手，僅僅十四天的光景，荷蘭軍隊便平定了亂事，郭懷一死在戰亂中，剩下的群衆慘遭荷蘭軍隊的屠殺，老弱婦孺甚至不得倖免。

這次的抗荷事件雖然慘敗，卻表達了人民的怒吼，即使荷蘭以鎭壓的方式維持政權，還是無法抑制人民心中的憤恨。九年後鄭成功登陸台南的鹿耳門，受到人民熱烈的擁護，因而將荷蘭人逐出台灣，結束了荷蘭人在台三十八年的統治，鄭成功也成爲第一個在台灣建立政權的漢人。

施琅

促使台灣納入清朝版圖

繁華的北京城在一片戰火中，似乎變了個樣，先是流寇燒殺搶掠，逼得明思宗自縊殉國，接著是清兵入關，明朝覆亡，中國的政權正式被滿清王朝所取代。

兵荒馬亂中，一批忠心於明室的人，就在江南扶植了幾個不同的政權，期望能延續明朝的命脈，「反清復明」事業中最重要的人物，就是鄭成功。

鄭成功的父親鄭芝龍，在福州擁立唐王，唐王非常欣賞鄭成功，特別將大明朝的國姓「朱」賜給他，這就是民間稱鄭成功爲「國姓爺」的由來。不過，在清廷的威逼利誘下，意志不堅的鄭

芝龍決定投靠清朝。這時候，在鄭芝龍麾下的一位副將施琅，決定追隨鄭成功，繼續反清復明。

祖籍福建的施琅，出生於一六二一年（明熹宗天啓元年），他自小便長得孔武有力、足智多謀，長大後從軍報國，沒想到碰上明朝滅亡的變局，施琅投靠在鄭成功的麾下，期盼能有一番作爲。

鄭成功十分器重施琅，凡是軍中大小事，都找施琅商議，年輕氣盛的施琅也自命不凡，總以鄭成功的左右手自居，時間久了，不僅招致鄭成功身邊其他部將的不滿，連鄭成功對施琅也頗有幾分微詞：「施琅的確是個有能力的人，不過，他的態度越來越傲慢，簡直不像話！」

數年後，施琅的一個部下觸犯軍法，因爲害怕被處罰，就逃到鄭成功營中，鄭成功收留了這個人，但是，施琅卻把這個部將押回去斬首，鄭成功心裡十分不悅：「施琅擺明了跟我作對，實在是太跋扈了！」

施琅同時也不痛快：「我的人犯了法，他來做好人收留，這叫我如何貫徹軍紀如山的要求！」從此以後，施琅和鄭成功結下心結，彼此嫌隙日深。

終有一日，兩人再生嫌隙，鄭成功以統領的身分下令緝捕施琅：「施琅未得我的許可就將人處斬，根本無視於我這個長官，這是『犯上』之罪！」

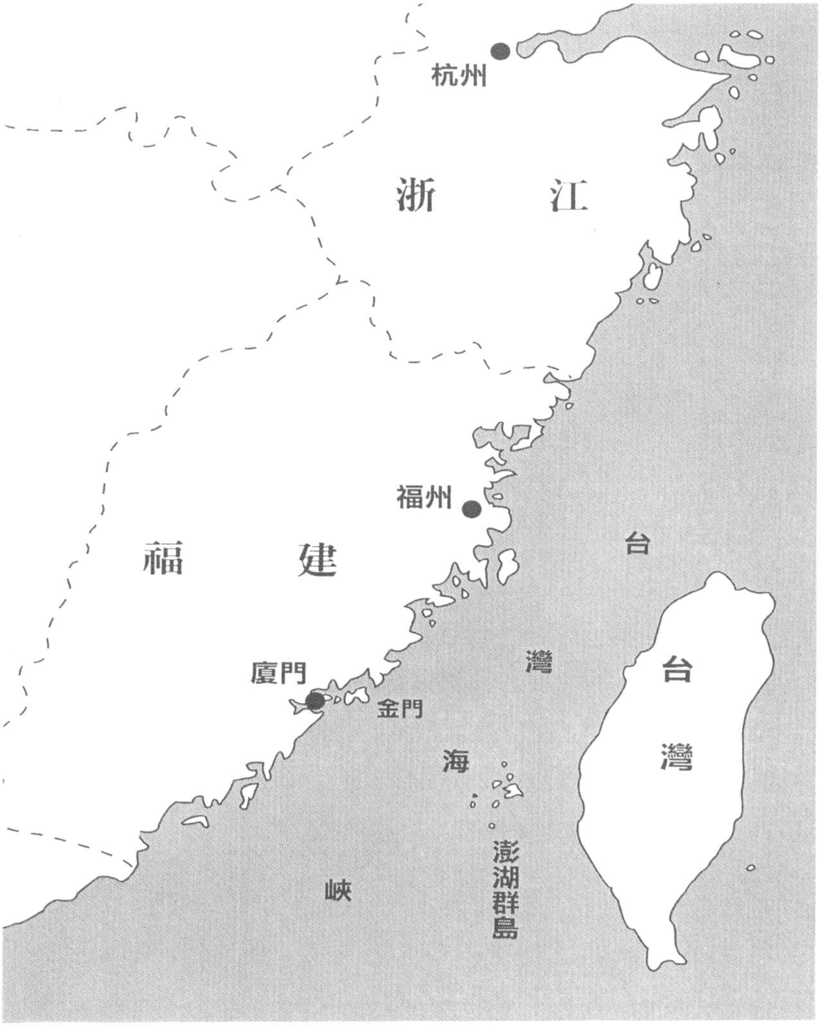

●台灣、金門、澎湖與大陸相關地理位置

◎明末政治不安，加之以天災肆虐，饑民到處流竄，在李自成、張獻忠等人的帶領下形成「流寇」，最後李自成攻陷北京，明朝滅亡。

◎李自成攻陷北京，明思宗自縊殉國，明朝滅亡。但仍有忠心臣子擁立宗室為帝，以期承繼明朝國祚。他們分別是一六四四年即位的福王、一六四五年即位的魯王和唐王、一六四六年即位的桂王。

◎明朝的建國者是太祖朱元璋，其後為惠帝、成祖、仁宗、宣宗、英宗、代宗、英宗、憲宗、孝宗、武宗、世宗、穆宗、神宗、光宗、熹宗、思宗。

施琅被逼得黯然逃離鄭軍，不久之後又得知弟弟和父親被鄭成功所殺，憤恨之餘，決定爲清廷效力。

「好極了！你對鄭軍了解甚深，來日必有重用。」年輕的君主康熙皇帝對施琅說。

每到夜深人靜，施琅想起冤枉送命的親人，心裡不由得一陣悲痛：「此仇不報非君子。」於是，施琅一再上奏皇帝，請求用兵台灣。鄭成功過世之後，他的兒子鄭經即位，施琅還是不忘等待報仇機會。

到了一六八一年（清康熙二十年），鄭經去世了，朝中發生政變，鄭經的長子遇害，而由次子克塽繼位，台灣的局勢不穩，政權朝不保夕，施琅知道機會來了。

「啓奏聖上，叛賊鄭成功年僅三十九而死，這是天意所爲；如今鄭經又死，鄭克塽年僅十二，根本無法與我相抗，此乃攻取台灣的大好時機啊！」施琅再次向康熙皇帝進言。

對康熙皇帝而言，收復一再打著「反清復明」旗幟的台灣，除去這眼中釘，當然是大清朝的使命，如今既然有這麼好的機會，當然要即刻把握。立刻命施琅爲福建水師提督，率軍進攻台灣。

一六八三年（清康熙二十二年）八月，鄭克塽投降，施琅爲清廷立下了大功。

施琅多年的心願終於達成，他奏請皇上將台灣納入中國版圖，但是康熙皇帝說：「台灣地處偏遠，不過是個彈丸之地，對我大清朝來說，得之無所加，失之亦無所損。」康熙皇帝表示，他所在乎的，只是徹底消除反清的鄭氏王朝，至於要不要保留台灣這塊土地，他根本就不重視。

「陛下，台灣雖屬外島，卻是江、浙、閩、粵四省的屏障，加上島內土壤肥沃，物產豐富，棄之實在可惜；若以國防觀點言之，紅毛（即荷蘭人）覬覦台灣已久，今日如我放棄，他日必為荷人所據，勢將威脅到東南沿海的安全，還望陛下明鑒。」施琅這篇《恭陳台灣棄留疏》明白指出台灣的重要，對台灣往後的命運，有著決定性的影響。

「臣思棄之必釀成大禍，留之誠永固邊圉。」施琅的這兩句，讓康熙皇帝思慮台灣的重要性。一六八四年（清康熙二十三年），台灣正式納入清朝版圖。

◎鄭成功之子為鄭經，鄭經有二子，長子克𡒉，次子克塽。

鄭成功

擊退荷蘭人的延平王

西元一六四四年，流寇首領李自成不斷攻打繁華的北京城，城內被摧殘得面目全非，百姓流離失所，朝臣毫無對策，最後明思宗自殺殉國。山海關外的女真族（即滿人）又步步進逼，沒想到，守關的大將吳三桂居然投降，讓清兵大舉進入了關內。

儘管時局這麼混亂，許多忠心的明朝臣子仍然想要復興明朝，於是先後擁立有明朝皇室血統的福王、魯王、唐王和桂王，分別在各地對抗清兵，其中有一個關鍵的人物就是鄭成功。

鄭成功的父親鄭芝龍原本是海盜顏思齊的部下，顏思齊死後，鄭芝龍接掌他的事業，駕船往來於台灣和日本之間，後來還娶了日本女子，生下鄭成功。七歲以前的鄭成功在日本度過，後來才被父親鄭芝

i

◎鎮守在山海關的明朝大將吳三桂，因為被女真的多爾袞所利誘，再加上愛妾陳圓圓被流寇首領李自成所奪，多爾袞允諾找回圓圓，吳三桂於是決定降清，便打開山海關引清兵入關。

◎明思宗時代，內有流寇、外有女真強敵的威逼，最後自殺殉國。明朝自朱元璋建國，到此算是滅亡了，但另有臣子迎立具有皇室血統的四人稱帝，以期延續政權，稱為「南明」時期。

鄭

龍接回故鄉福建。

鄭芝龍支持駐紮在福州的唐王，繼續對抗清朝軍隊，他對鄭成功說：「孩子，我們是漢人，絕不接受外族的統治，怎麼推翻滿清，就靠大家齊心努力了。」年僅二十歲的鄭成功把父親的教誨銘記在心。

鄭芝龍曾經帶著鄭成功覲見唐王，唐王則把鄭成功原來的名字「森」，改爲「成功」，又賜他明朝皇帝的姓「朱」，這就是有人稱鄭成功爲「國姓爺」的由來。沒有孩子的唐王，把鄭成功當成自己孩子一樣地看待，這樣的賞識讓鄭成功相當感激。

清朝爲了迅速穩定大局，以高壓和懷柔的手段，要求全國民眾服從，鄭芝龍覺得局勢對明朝相當不利，他的信心受到很大的動搖。接著，唐王被清兵俘

◎原籍福建的顏思齊，年輕時因遭官家侮辱，憤而殺人，最後只得流亡日本，在當地逐漸成為華人領袖，自稱「日本甲螺」（頭目），糾眾以台灣為基地，成為縱橫海上的海盜集團，一六二五年因病去世後，續由鄭芝龍領其部眾。

◎即位於福州的唐王是「南明四帝」之一，又稱「隆武帝」，另外還有福王、魯王和桂王。

◎鄭芝龍原籍福建泉州，僑居日本時結識女子田川氏，一六二四年生下鄭成功，次年與顏思齊率眾抵達台灣，成為海盜頭目，並在顏氏去世後續掌其部眾。

虜，絕食而死，清朝政府則開出誘人的條件，鄭芝龍眼看大勢已去，只好順從投降。

儘管鄭成功勸他說：「爹，清朝答應的高官厚祿不可相信，您不要上當啊！」鄭芝龍沒有理會兒子的話，還是投降清朝了。

不出鄭成功所料，鄭芝龍降清沒多久就被清廷軟禁，鄭成功的母親不堪受辱則自殺身亡。這些消息傳到鄭成功的耳中，讓他十分悲痛，也更加堅定對抗清朝的決心。

唐王死後，駐紮在廣東肇慶的桂王十分賞識鄭成功，特別封他為「延平王」，這個爵位讓鄭成功的軍隊士氣大振。可惜在一六五九年的時候，鄭成功北伐南京失敗，清兵的攻勢越來越凌厲，連福建的基地都可能守不住，於是鄭成功向士兵宣布：「我們必須整頓待發建立新的根據地，那就是台灣。」

鄭成功集結金門、廈門的船艦，一六六一年從台南鹿耳門登陸，並且和當時佔領台灣的荷蘭軍隊展開激烈的戰爭。最後荷蘭長官棄城投降，結束在台灣長達三十八年的統治。鄭成功則在台灣建立了漢人

i

一六二八年鄭芝龍降明，將大本營移往福建，當清兵入關時，鄭芝龍成為反清的一股強大勢力，卻在清朝的利誘下，於一六四六年降清。

◎一六六一年鄭成功登陸鹿耳門時，荷蘭守軍僅一千一百多人，次年剩下六百多人，可說是彈盡援絕，荷蘭長官揆一（Frederick Coyett）決定向鄭成功投降。

◎西班牙人曾在淡水修建軍事城堡聖多明哥城（San Domingo）。守軍人數比南部的荷蘭人少，一六四二年西班牙人被荷蘭人驅逐，該地便改稱為「紅毛城」，荷人獨佔全台直到向鄭成功投降，才撤離台灣。

●赤崁樓

政權，並且開始規畫地方的治理。

「實施軍屯是最好的方式，農忙時節就務農，閒暇時候就進行軍事訓練。」鄭成功這種「寓兵於農」的政策，不僅解決軍隊糧食不足的問題，也開墾了大片的土地。

鄭成功還把台南命名爲「承天府」，北邊是天興縣，南邊有萬年縣，澎湖則設置安撫司，這也是台灣最初的郡縣制度。

「反清復明」是鄭成功一生追求的事業，不幸的是，他在三十九歲就英年早逝，對台灣的經營就由他的兒子鄭經繼承。鄭成功反清復明雖然沒有成功，但是他們父子爲台灣早期的建設奠定了基礎，當年追隨他們來台灣的幾萬名軍人和平民，也就成爲開墾台灣的先祖。現在台南有許多古蹟，還有許多地名，像是左營、新營或林鳳營，也都和鄭氏王朝的「軍屯」有關。

◎荷蘭人初佔台灣時，向台南的原住民換取赤崁社附近的土地，而建普羅民遮城（Provintia）。鄭成功統領台灣以後，就在當地設立承天府衙門。

陳永華

積極辦學、建設台灣的功臣

一六六一年（清順治十八年），鄭成功驅逐了荷蘭人，正式在台灣建立政權，可惜隔年鄭成功就因病去世了。

世子鄭經繼任後，輔佐他建設台灣的，以陳永華的功勞最大，因而有「諸葛亮」的美名。

陳永華祖籍福建，他的父親對明朝皇室忠心耿耿，清兵入關滅了明朝時，陳父殉國，陳永華便追隨鄭成功，從福建來到台灣，繼續反清復明的事業。

鄭成功率領軍民兩萬多人，自台南鹿耳門登陸時，陳永華提出「寓兵於農」的建議。他說：「台灣的土地肥沃，深具開墾價值，如果要在這裡長治久安，從事軍屯是兩全其美的方法。」

於是，鄭成功將帶來的人，以軍屯的方式開始開闢荒地、從事農耕，並且利用農忙之餘進行軍事訓練，這就是「寓兵於農」的政策。

◎一六六二年鄭成功去世時，鄭經原本正鎮守在廈門，隨後立即率軍返台。

◎諸葛亮是三國時代蜀漢昭烈帝（劉備）的謀臣，不僅聰慧過人，鞠躬盡瘁的赤膽忠心更為後世所推崇。

這樣一來，不僅解決了糧食需求的問題，也讓大家不會好逸惡勞，忘記了反清復明的重責大任。直到今天，南部的「左營」、「新營」等地名，就是從當時的軍屯政策而來的。

解決了衣食等基本民生需要，陳永華也注意到人民的教化問題。他向鄭經提議，應該興建孔廟，辦理學校教育。不過，鄭經以爲：「目前我們地小人稀，教育的事以後再說吧。」

「那可不然，台灣沃野千里，只要好好經營，培育出賢才相助，將來必定大有可爲。而且，教育是立國之本，如果人民只知道衣食無憂，卻不知道接受教育，簡直就像動物一樣啊！」在陳永華的堅持下，位於承天府（現在的

左營

台南市）的「聖廟」（孔廟）在一六六六年落成，成為「全臺首學」。

接著，各地的學校也成立了。陳永華規定，所有八歲以上的孩童都必須入學，接受經史子集等傳統文化的薰陶，連原住民居住的地區也設立了專教原住民孩子的學校，再配合文官考試制度，鄭氏王朝對文教的推廣，可說是很有成效的。

為了增加政府的收入，並改善人民的生活，陳永華鼓勵發展製糖、製鹽、燒磚等事業，還積極興建水利灌溉設施。但是，因為清朝政府封鎖了台灣和大陸之間的船運交通，台灣某些民生物資依然很缺乏，這讓陳永華極為煩惱。

「或許，我們必須用非常手段來解決這個窘狀。」於是，陳永華派人到廈門從事走私貿易。「千萬記得，我們的目的是獲得所需，絕對不能擄掠百姓，滋生事端，更不可以讓清軍知道，大家一定要小心行事。」陳永華仔細地交代著。

另外，他還展開和英國、日本的貿易，取得了紡織品、武器等物資。

對於遠渡黑水溝（台灣海峽）的移民來說，反清復明固然是共同

◎台灣目前仍有一些地名是因鄭氏軍屯所留，例如高雄前鎮、左營、仁武、台南新營、左鎮、桃園營盤坑等。

◎孔廟位於今台南市南門路（當時稱為卓仔埔），一六六六年落成，其旁置明倫堂。

◎受制於清廷對台灣的封鎖，陳永華經常嘆曰：「台灣遠隔汪洋，貨物難周，興販維艱。」於是建議以廈門為基地，對大陸展開走私貿易，彌補台灣物資不足的窘狀。

◎「三藩」是指三個降清的明朝將領，分別是吳三桂、尚可喜、耿繼茂。

目標，思鄉情懷似乎也是衆人的惆悵。爲了一解鄉愁，陳永華修建了不少寺廟，奉祀關聖帝君、觀音、保生大帝等神明，除了爲居民消災祈福，也讓大家的心靈獲得慰藉。陳永華這種體貼細膩的做法，讓百姓感動不已。

到了一六七三年（清康熙十二年），大陸發生吳三桂等人的反清事件，也就是歷史上所說的「三藩之亂」。鄭經認爲，這是一個推翻清朝的好機會，打算出兵響應。

可是，陳永華憂心忡忡地提出他的看法：「吳三桂先背叛了明朝，投靠清軍，後來又不滿清廷給他的賞賜，現在又起兵反清，這種見利忘義、反覆不一的人，值得我們跟他合作嗎？」

遺憾的是，鄭經並沒有聽取陳永華的意見，

隔年，他興致勃勃地率軍親征，把台灣交給陳永華留守。

不出陳永華所料，鄭經的出征果然無功而返，「三藩」也慢慢落入清軍的掌控，無法再有什麼作爲了。返回台灣後的鄭經心情低落，整天喝酒，醉醺醺地不理政事，讓陳永華看了很灰心。

另一群人趁著鄭經頹廢，漸漸發展成一股勢力。他們一向嫉妒陳永華的才華，正好利用這個機會排擠他，陳永華有志難伸，只好自請歸隱，最後在一六八○年（清康熙十九年）去世。

陳永華去世的第二年，鄭經也去世了，他的兒子鄭克塽繼續統治了兩年，向清朝投降。陳永華的衣冠塚位於台南縣，而後人也在台南市的孔廟附近建了一座「永華宮」，憑弔這位對台灣極有貢獻的人物。

施世榜

開鑿「八堡圳」的大善人

橙黃的太陽高掛天空，藍天萬里無雲，這本該讓人心情舒暢，但看在農民眼裡，卻是欲哭無淚，因爲好一陣子沒有下雨，田裡的農作物都快乾死了。

「這可怎麼辦呢？」

「靠天吃飯能怎麼辦，就看老天爺的意思了！」大家只能望著天、嘆著氣，發發牢騷。直到「八堡圳」完工，水利灌溉有了著落，靠天吃飯的苦日子終於結束了。

自從鄭成功在台灣建立政權以來，原住民和來自閩、粵的漢人移民，已經在台灣開發出相當多的良田，到了鄭經經營台灣時，大批農民來到半線（今彰化）一帶開墾，施東就是領袖之一。

施東的原籍是福建泉州，他和其他移民一樣，赤手空拳來到台灣，努力地從事開墾。但他和別人不同的是，他不僅能讀書識字，而且還滿腹經綸，再加上他爲人敦厚，經常熱心助人，所以大家都非常

i

◎距離台灣僅僅一海之隔的福建省，山多田少而謀生不易，居民便想渡海來台開墾，而且當時台灣的未墾荒地充足，的確具有誘人的條件。

敬重施東。

施東看出台灣的蔗糖極具發展潛力，就積極經營糖業，把蔗糖輸出到日本，果然成了地方首富。施東經常教育兒子世榜，一定要多做善事，千萬不可爲富不仁：「孩子，你要記得，錢財的功用是爲了改善家人的生活；但是，如果你有能力改善大家的生活，你就比我更了不起了！」

施東去世以後，施世榜承繼事業且發揚光大，他謹記著父親的教誨，在地方上做了不少善行義舉，一般墾戶提起這施家父子二人，都是讚佩不已。

「鄉親對我如此敬重，我該爲他們做些什麼呢？」施世榜思索著。這時候，由於萬頃農地都沒有可供灌溉的埤圳，一旦久旱不雨，良田馬上變成荒地，農民的辛苦便化爲烏有。

「如果能導引濁水溪的水灌溉田地，這灌溉的水源就不成問題了。」施世榜決定開鑿灌溉水圳，他當然知道，一般墾戶絕對是舉雙手贊成，但卻拿不出錢財支持這個計畫。

「各位不必發愁，我施某既然有此想法，就該有所承擔，工程的事就交給我了，還望日後能給各位一個交代。」

一七〇九年（清康熙四十八年），施世榜招募大批伕役，開始一鋤一鏟地動工。年近四十的

◎台灣最具商業利益的產品是稻米、蔗糖、樟腦、煤和茶葉，許多人因為從事這些商品的輸出而致富。

◎台灣早期的農地灌溉水源，有水潭（天然池沼）、水陂（築堤蓄水的水塘，也可兼養魚蝦）、水圳（鑿石穿道、導引溪水入田的水道，工程修築最是困難）。

施世榜，雖然忙於自己的事業，但每天一定撥出時間，親自到工地巡視，並且關心工作人員的生活起居。

時間一天天過去，工程進行得還算順利，施世榜非常高興，大夥兒也做得更有勁兒了。不過，到了水圳將近完工，需要引水入渠的階段時，怪事發生了。

「設計無誤、地形探勘無誤、施工無誤，可是，這溪水就是引不進來！」工作人員搔著頭、皺著眉，心裡十分懊惱。在無計可施的情況下，施世榜決定張貼告示，以懸賞的方式，徵求高人指點。

有一天，一位長得仙風道骨的老先生來找施世榜：「您在找開水圳的工程人員嗎？」

「正是，敢問先生尊姓大名？」

「在下姓林，至於小名就不必報了。在下願效犬馬之勞，明天就帶一張地圖來，看看對於施工是否能有幫助。」

望著林先生離去的背影，施世榜忽然有一種似曾相識之感：「這位林先生看起來莫測高深，令人由衷地佩服，但不知他是不是眞有本事啊！」

第二天，林先生果然帶來一分測量圖，交給現場的工作人員，並加以說明。施世榜見他說得頭頭是道，果然是有兩把刷子，便客氣地問道：「不知林先生府上何處？既然到此，是否已安排好住所？」

「我單身一人來去自如，四處行走多年，倒眞不記得究竟原籍是何處了。」

施世榜見他似乎有難言之隱，就不再追問下去，只是誠懇地邀他住在家裡，以便施工事宜的請教。

經過一段時日的相處，施世榜發現林先生不僅對開鑿水圳的工事有所專精，其他天文地理的知識也涉獵廣泛，而且待人和氣謙虛，絲毫不見一絲驕氣，眞不愧是一位飽學之士，但不知他究竟從何而來？對於林先生的神秘，施世榜多所尊重，只盼能從林先生身上多多學習。

經過不辭辛苦的努力，施工長達十年的水圳終於完工，當溪水源源不絕地流入圳路時，所有人都興奮地大叫起來，可是大家正準備謝天祭祖、設宴慶祝時，才發覺那位大功臣林先生早已不知去向！

「這倒奇了！我們照著他的指示做事，事成之後他卻走了，難道他不想跟大夥兒一塊慶功嗎？」工人們議論紛紛。

「各位鄉親，我相信林先生就是因爲不想居功，所以才不告而別。灌溉水圳的完工，他想歸功於各位的努力，而不是他的指引，我們體諒他這份用心，就默默地祝福他吧！」施世榜遙望遠方，幽幽地說著。

這條水圳因爲是施家獨資開鑿的，被稱爲「施厝圳」，它灌溉了半線境內一萬九千多甲的農田，佔了當時十三個半堡中的八個堡，因此又名「八堡圳」，從此奠定彰化地區開墾的基礎。

關於來去無蹤的林先生，有人說他是明朝遺老，也有人稱他是神明的化身，特來凡間指引迷津，大家對他只有懷念和尊敬，於是，就在彰化縣的二水鄉，農民爲他蓋廟紀念；而鹿港天后宮的右側廂房裡，則供奉施世榜的牌位，讓後人永遠記得這兩位熱愛土地的智者。

i

◎明朝滅亡後，進入異族（滿族）統治的清朝，在高壓和種族歧視的政策下，一些深具學養才能的漢人，不願在滿清的朝廷裡為官，而被人們尊稱為「明朝遺老」。

◎「天后宮」所祭祀的主神就是媽祖，庇祐人們在海上行船時的安全。

張達京

原住民和漢人之間的橋樑

荒煙蔓草間，一群原住民頭頂烈日、赤腳穿梭在山林間，他們不畏路面泥濘難行，也不在乎荊棘刺痛雙腿，大家心裡反而沾沾自喜。對於雨水短缺的中部來說，初春時節的一場大雨，可眞是老天爺給台灣人的一種恩賜啊！因爲，四處泥濘正是大雨過後的景象，如果能找到比較平坦的區域，就可以撒種耕耘了。

這裡是平埔族岸裡社的地方，生性單純的族人靠著簡單的農業維生，

◎清朝將台灣的原住民通稱為「番」，居住在平原或丘陵地的叫「平埔番」，因為這些原住民和漢人的接觸較早，開化程度較高，又叫做「熟番」；而居住在山區的則叫「生番」。

對他們來說，不論種植哪一種作物，雨水的滋潤是不可缺少的，只是，久旱不雨時又該如何呢？

「那就只好祈求老天爺發發慈悲了！」族人聽天由命地想著。

出生在廣東的張達京，在康熙末年來到台灣，他是個聰明機警的生意人，從小跟著父親東奔西走，可說是見多識廣，對日用草藥的知識也略知一二；成年以後，他先在閩南一帶經商，接著渡海來到台灣。「台灣早就屬於清朝管轄了，不過，聽說朝廷對當地的經營十分消極，這或許正是我發展的好機會呢！」張達京對家人說道。

張達京在台中盆地的岸裡社落腳，這時，平埔族人正苦於傳染病的肆虐，張達京剛好利用他所知的醫藥常識，為平埔族人減輕病痛之苦，也贏得族人對他的敬佩。他積極學習當地語言，和族人和睦相處，後來，葫蘆墩（今台中豐原一帶）的原住民頭目阿莫，就把女兒嫁給他，張達京成了真正的「番仔駙馬爺」。

娶了阿莫的女兒，張達京可說是真正融入平埔族人的生活了，由於他來自大陸內地，各方面的技能都優於平埔族，他也毫不吝嗇地把所知傳授給眾人，使他的聲望日高，因此，朝廷特別

◎「駙馬爺」是指公主的丈夫，也就是皇帝的女婿。張達京因為娶了原住民頭目的女兒，所以被戲稱為「駙馬爺」。

◎總通事的職掌是經營山區的開墾，並處理漢、番之間的糾紛。

任命他擔任岸裡社一帶的總通事，處理原住民和漢人之間的瑣事，另一方面，還可以替政府宣達命令，張達京有了這番際遇，算得上是飛黃騰達了。

不過，由於漢人和原住民之間屢起糾紛，加上官員的處置不公，原住民造反的情況是時有所聞的。這時，張達京會站在政府的立場，積極地平定亂事，以維持地方秩序，一七三一年（清雍正九年）因此蒙受雍正皇帝的召見。

「想不到我一介平民，竟能親往北京，覲見當今聖上，眞是祖上有德啊！」張達京得意地說。

◎從事開墾前要先取得開墾許可，依照土地型式分為「無主地」和「熟番地」。「無主地」的地權屬官方所有，墾民必須先到衙門向官方提出擬請開墾的土地範圍，官方查勘沒有侵入熟番地或是重墾的情況之後，才發給墾單或墾照。如果是開墾熟番地，則不必經過官府，而是漢人直接和熟番訂立契約即可。

張達京並未因此自滿，滿腦子生意經的他，看出中部一帶是值得開發的好地方，只是苦於缺水灌溉。

「我必須先向政府申請荒地開發的許可，再想辦法籌措水源。」身為地方通事的張達京，熟於和官府打交道，事情進行得十分順利。張達京引用大甲溪的溪水開鑿水圳，開發出葫蘆墩、神岡、潭子等地，造就出台中盆地的良田萬頃，這就是中部最著名的「貓霧捒圳」的由來。

有了水圳的灌溉，大家不必受限於過去只種地瓜的窘狀，紛紛改種各種作物，生活因而大獲改善；至於張達京呢，也因為大量開發土地而致富，成了台中的大富豪，許多人感念他開鑿水圳的功德，不僅將他視為英雄，還在廟裡給他立了長生牌位，眞可說是名利雙收啊！

張達京擔任通事長達三十四年，因為家大業大，難免會遭人嫉妒，後來就有人檢舉他，說他利用職權之便炒作土地致富，朝廷因而注意此事，一時之間，台灣的通事似乎成了地方上的土豪劣紳，張達京因此被革職，遣送回廣東家鄉。

張達京離開之後，由阿莫的孫子繼續擔任通事，張達京則在十多年後病逝於家鄉。雖然史家對張達京的評價不一，但無論他是投機致富的商人，或是拓荒英雄，「貓霧捒圳」為中部帶來的灌溉之便，是不容否認的。

郭錫瑠

造福農民的「瑠公圳」開鑿者

雖說是秋高氣爽的八月天，扛著一擔擔的石塊往外走，還眞是讓人累得汗如雨下。

「爲了水圳能順利完工，往後大家都有好日子過，即使再累也値得！」抹去額頭的汗珠，大夥兒互相打氣。這時是一七四〇年（清乾隆五年），在郭錫瑠的號召下，大家從事水圳的開發工程，使農田的灌溉水源得以源源不絕。

出生在福建漳州的郭錫瑠，自幼跟隨父親渡海來台，初期時定居在彰化。因爲台灣的開發是由南向北發展，當時的台北平原還是平埔族凱達格蘭部落所佔有，一般漢人根本不願涉足。充滿鬥志的郭錫瑠偏偏就決定北上闖一闖：「大丈夫三十而立，我應該走出去開闢新天地。」一七三六年（清乾隆元年），郭錫瑠舉家北遷，來到中崙（今八德路中崙附近）從事拓墾。

「此處土質肥沃、地勢平坦，眞是墾殖的好所在！」跟隨郭錫瑠移居而來的人讚嘆著。

不過，生活剛安頓不久，新的問題就來了。「『柴頭埤』（今信義計畫區靠近山邊所修的灌溉用水塘）的水源不足，農田缺水可是很嚴重的事啊！」

「缺水？怎麼可能呢？」郭錫瑠乍聽之下，還眞嚇了一跳。「因爲好一陣子不下雨了，『柴頭埤』都快乾了！」對於農戶的說詞，郭錫瑠頗不以爲然。「如果僅僅十多天不下雨就沒了水源，那叫什麼『柴頭埤』！」

實事求是的郭錫瑠即刻前往「柴頭埤」親自查看。經過一番探勘研究，郭錫瑠發現問題並不出在不下雨，而是水埤的年限過久，底部淤積的泥沙太厚，使得蓄水量逐年減少，目前已經是不敷使用了。

「那簡單！挖走淤泥不就解決了嗎？」立刻有人提出意見。

郭錫瑠沉思不語，他心裡想著：「挖除泥沙只是暫時解決問題，絕非永久之計。因爲『柴頭埤』是個蓄水塘，並沒有水源入水，如果眞遇上久旱不雨的狀況，蓄水完全用光了，那又該當如何？」

爲了根本解決水荒，郭錫瑠計畫開鑿引水入渠的灌溉水圳，他首先想到的是基隆河。「基隆河的河床太低，很難把水引出來；而且，基隆河是錫口（今松山）的對外交通要道，也不適合在河道中間築堤建壩。」

「台北平原附近還有什麼水源呢？」

「若論水源的豐沛，就只有新店溪了，只不過是遠了點兒……」

「遠近不是問題，充足的水源才是大家的希望啊！」郭錫瑠和墾戶們熱烈地討論，爲了子孫萬世著想，郭錫瑠把目標訂在新店溪。

回想起自己所說的「遠近不是問題」，勘查過地形之後的郭錫瑠不禁傻了眼，因爲新店溪距離興雅庄（松山五分埔和南京東路五段一帶）眞是太遠了！

◎凱達格蘭族是分布在台北縣市、桃園縣的平埔族，其部落則有三貂、大屯、北投、秀朗等。

◎開墾土地之後的主要農作物是水稻和甘蔗，尤以生長在北台灣的水稻，最需豐沛的水源以利生長。

◎松山舊名「錫口」，因為位於台北盆地的北方，基隆河蜿蜒而過，是平埔族人遊獵捕魚的勝地，他們稱之為「河流彎曲處」，民國九年才被日本人改名為松山。

「溪水雖然碧綠清澈，但如何引進農地呢？」郭錫瑠站在一塊巨石上，望著滾滾溪水，再抬頭仰望穹蒼，忽然產生無比的信心：「大自然賜予源源不絕的甘泉，我怎能任其東流入海，而不善加利用？這不是辜負老天爺的美意嗎？」

一七四〇年（清乾隆五年），龐大的工程開始了，首先是在青潭溪和新店溪的入口處設立攔水壩，再沿著新店溪開鑿水渠，從大坪林、景美、公館等地，通達到興雅庄。

「不好了！番人破壞我們的設施，這幾天所做的全白費了。」施工人員氣急敗壞地向郭錫瑠報告。原來新店溪的上游住著泰雅族人，他們把山水土地視為祖先遺留的至寶，不僅不准施工，還把工作人員當成入侵者。「我們好不容易把『蛇籠』（竹編的簍子，其中填充石塊）沉入水底，準備進行攔水，沒想到被這群番人搞得亂七八糟！」

「我知道你們辛苦了，先休息一會兒吧！」郭錫瑠安撫大家的情緒，自己皺著眉思索眼前的狀況。

泰雅族人不懂整個工程的重要性，這也是情有可原的，郭錫瑠覺得不能和他們硬碰

◎泰雅族是分布在台北縣烏來鄉、桃園縣復興鄉、新竹縣尖石鄉、南投縣仁愛鄉、台中縣和平鄉、花蓮縣秀林鄉等地的高山族，是原住民中分布面積最廣的族群。

硬，和他們講理又怕行不通。「爲今之計，只好我親自出面向他們示好了。」於是，郭錫瑠僱用泰雅族的勇士擔任隨身護衛，還以聯姻的方式，娶了泰雅族的潘氏爲妾，雙方算是建立和睦的關係。

克服了人爲的困境，還要迎向大自然的挑戰。一百多公尺鑿石穿山的隧道工程，讓所有的施工人員吃足苦頭。

「石匠一鑿一錘地進行，另外一批人負責把石塊一筐筐搬出來，進度實在很慢。」

「我知道，施工不要求快速，安全第一。」郭錫瑠說完便進洞查看。他發現洞裡的工作人員眞的很辛苦，不僅灰塵漫天，逼得人透不過氣，還得就著如豆的燈光，小心翼翼地挖鑿。

「上天保佑，讓一切順利完成吧！」郭錫瑠只能對天虔誠祈禱。

好不容易完成了隧道工程，還有引水渠道要施工。爲了籌措經費，郭錫瑠變賣彰化的祖產，將所得投入工程，他的精神感召，激勵大家做得更賣力了，眞可說是有錢出錢、有力出力。另外郭錫瑠的兒子郭元芬，他運用才智，結合一批經驗老到的木工，設計出尖底「梘橋」，克服橫越溪流的困難。

「四十七根木樁把木槽架起來，木槽的底部做過防水處理，木樁高十公尺，不怕溪水湍急，木槽寬兩公尺半……。」聽著施工人員的解說，郭錫瑠露出欣慰的笑容，他知道農田就快有水可用了，未來一定會更好。

長達二十多公里的水圳完工後，導引青潭溪溪水入田。一線水圳經大坪林到公館，另一線由六張犁過三張犁到興雅庄，灌溉農田一千二百多甲，由於用水無虞，台北平原的農業得以快速發展。

一七六五年（清乾隆三十年）一場颱風帶來滾滾洪水，水圳渠道被洪流呑噬而受損，郭錫瑠受此打擊竟一病不起，不久就去世了，其子元芬則挑起修復的重任。後人爲了紀念郭氏父子的功勞，就把水圳命名爲「瑠公圳」；現今台灣大學位於新生南路的側門處，則豎立著「瑠公圳原址」的石碑，與川流不息的車陣形成古往今來的對照。

◎早期聚落的開墾，以「一張犁」代表五甲水田的耕地。

吳沙

開墾噶瑪蘭的漢人領袖

月黑風高的夜裡，吳沙一家人瑟縮在低矮的小屋，聽著窗外的北風呼號，寒意穿透木屋的縫隙，吳沙冷得打哆嗦，父親感嘆地說：「這裡的生活太苦了，孩子，如果你有本事，就到外地去發展吧！」

父親說的是事實，福建漳州一帶人口多，耕地不足，再加上天災人禍的肆虐，賺錢維生非常困難，許多人不得不移民他鄉另謀發展；而渡過黑水溝（台灣海峽）前往台灣，就是一個不錯的選擇。

一七七三年（清乾隆三十八年），吳沙跟著一群人來到台灣，落腳在雞籠（基隆），經營過一些小生意，情況並不理想。吳沙發覺，台北盆地以及附近的山坡地，已經被先前移民來台的漢人開發殆盡，如果想求發展，就得走遠一點兒。於是，吳沙遷居到三貂嶺（今雙溪、貢寮一帶），以販賣草藥維生。

吳沙必須上山採集草藥，和當地的原住民逐漸熟識，他發現原住

◎漳州位於福建省，最早的開發始於唐代的陳元光將軍，他於西元六八六年（武則天在位期間）奏請設置漳州，其後因開發漳州有功，而被立廟尊奉為「開漳聖王」。

民的個性淳樸，並不如外傳的凶悍殘暴。吳沙還學會原住民的語言，讓他對原住民又多了幾分了解。

「他們的生活落後，極需平地生活用品，我倒可以趁機做個買賣，順便把山裡的特產運下來。」

吳沙開始仲介原住民和漢人之間的貨物交易，使得雙方都能各取所需。當然，吳沙也因此累積了不少財富，可說是利人利己。

吳沙個人的經濟狀況改善了，但他沒忘記自己是來自福建漳州的漢人。吳沙爲人熱情重義，凡是鄉親有困難求助於他，他從不吝惜出力幫忙。因此，吳沙的名號逐漸響亮起來，一些新到的移民也來找他，這時候，他會給他們一斗米、一把斧頭，然後叮囑：「這位弟兄，有了工具和食物，你可以自行前往開發荒地，往後的福禍，就看你自己的造化了。」

◎清乾隆五十一年，「天地會」領袖林爽文率眾反清，台灣西部陷入全面戰爭的狀態，清朝不斷自大陸調兵來台平亂，人數多達十餘萬，此亂歷時一年三個月才告平定。

◎噶瑪蘭族是分布在宜蘭平原的平埔族，以蘭陽溪為南北分界，約有三十餘社。

有些移民得到吳沙的協助，立刻入山砍柴維生，開荒墾殖，打拚的時間久了，還眞

的營建出一片天地。這些人對吳沙十分感激，吳沙儼然成了三貂嶺一帶的漢人領袖。

到了一七八六年（清乾隆五十一年），台灣爆發林爽文率眾叛亂的事件，亂平之後，林爽文雖被擒獲，但是他的黨羽卻躲入山中。官府擔心這批亂黨和吳沙的勢力結合，會對地方安全形成嚴重的威脅，於是就把吳沙找來商量：「你可知蘭陽平原一地？那兒除了原住民噶瑪蘭族以外，還有很多未開發的荒地，你願否帶人前往？」

官府的用意除了開發之外，其實是想藉機除掉吳沙。因爲過去曾發生漢人去蘭陽平原而喪命的例子，大家都知道噶瑪蘭族極爲凶悍，如果要跟他們爭地開墾，那是很危險的事。

偏偏吳沙就是不信邪，他帶著數百人浩浩蕩蕩地從澳底出發，乘船來到烏石港（今宜蘭頭城），進入噶瑪蘭族人的領地。

吳沙開始時還能和噶瑪蘭族相安無事，但隨著開發的面積擴大，前來的移民越聚越多，原住民不由得恐慌起來，而對吳沙發動攻擊。

「開墾是爲了增加糧食生產，確保大家生活無虞。而且，官府特准我們前來，是因爲有消息說海盜即將進攻，將威脅到族人的生命安全，我們人多勢衆，如能在此地駐兵屯田，對各位也是一種保障啊！」吳沙用原住民的語言和衆人溝通，噶瑪蘭族的

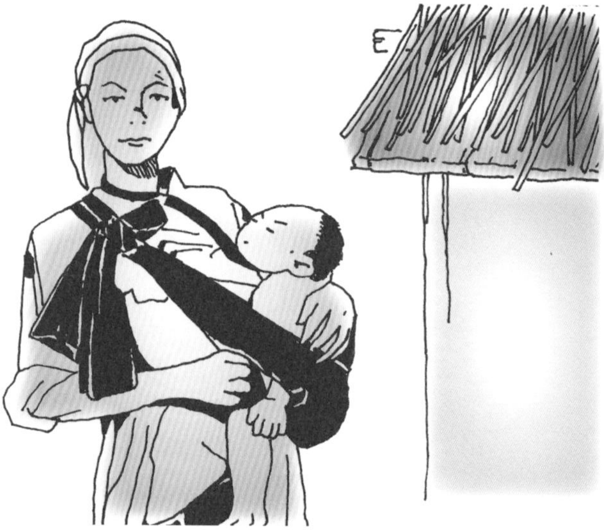

●平埔族婦女與小孩

攻擊暫時平息，但吳沙的弟弟犧牲了，吳沙忍著悲痛，帶領大家繼續前進。

不多久，噶瑪蘭族人染上傳染病而紛紛病倒，略知草藥療效的吳沙，決定帶著藥材前往。「快快服下，可以藥到病除。」吳沙急切地說。

「別信他的鬼話，他爭搶我們的土地，他的話能信嗎？」「沒錯，他是敵人，即使戰爭剛停，我們也不敢吃他帶來的東西。」原住民竊竊私語，對吳沙投以懷疑的目光。吳沙覺得搶時間治病要緊，根本沒空跟他們多做解釋，就強押著原住民把草藥灌下去。

奇妙的事發生了，吃了草藥的人病情立刻改善，這下子大家都服了吳沙，紛紛要求他治病救命，還心甘情願地把土地送給這位能救命的大仙。

吳沙拓墾成功，鼓勵了後繼者爭相移入，因而帶動整個蘭陽平原的開發。吳沙在一七九八年（清嘉慶三年）病逝，之後由他的姪兒繼續領導拓墾，足跡遍及蘭陽溪以北，十多年後此區正式設治，名爲「噶瑪蘭廳」，一八七五年（清光緒元年）則改稱宜蘭縣，一直沿用至今。

吳沙去世時得年六十八歲，並未歸葬故鄉福建，而是葬在貢寮。他的墓穴朝向蘭陽平原，讓他長眠地下時，仍能遙望他所開發的這片土地。

王得祿

保家衛國的台籍水師提督

月黑風高的深夜，四野一片寂靜，只有浪花拍打石頭發出巨響，伴著海風的呼嘯，讓人不寒而慄。一個壯碩的身影佇立在岸邊，他凝望著遠方，似乎若有所思，他就是王得祿。

王得祿是台灣諸羅縣（今嘉義縣）人，自幼父母雙亡，由兄嫂扶養長大。王得祿個頭生得高壯，哥哥讓他習武強身，卻不是叫他去滋事打架，所以時常告誡他說：「大丈夫應該有所作爲，如果能名留青史，即使是爲國捐軀，也是値得的。」王家的先祖曾是清軍營裡的一名軍官，康熙年間因爲征討朱一貴而犧牲，這雖然是王家的一件憾事，卻也爲後世子孫樹立起英雄的榜樣。

王得祿的體格魁梧，心思卻細密謹愼。他十七歲那年，台灣爆發林爽文假借「天地會」的名義起事，在一七八六年（清乾隆五十一年）高舉反清大旗，先是攻下彰化縣城，接著又殺了台灣知府等地方

◎一六八四年（清康熙二十三年）始將台灣納入中國版圖，初設台灣、鳳山、諸羅三縣，隸屬台灣府管轄。到了一七八七年（清乾隆五十二年），將諸羅改稱為嘉義。

◎以養鴨為業的朱一貴是鳳山人，在一七二一年（清康熙六十年）糾衆數十萬人起事，建「永和」為年號反清，並恢復明服髮式。此次動亂波及全台，但不及半年便宣告平定。

王

官員，各地「天地會」徒衆紛紛響應，一時間戰火迭起，人心惶惶。

王得祿感受到家人的恐慌，他覺得自己應該挺身而出，不能再聽天由命了。

「林爽文聲勢浩大，你一個人赤手空拳，怎是他們的對手？」

「誰說我是一個人？我可以號召大家響應啊！」王得祿和鄰居一起討論著。

林爽文攻城掠地，戰火很快就波及到諸羅，王得祿早先一步到了府城，果眞招募了五百名義勇兵員，一起爲捍衛鄉里而戰。

爲了剿平這場亂事，朝廷出動了十萬名大軍，還派出大將軍福康安親自來台督師，王得祿和衆人支援福康安死守諸羅，苦戰了六個月，重挫叛軍的勢力。

長達一年三個月的亂事終於平定了，福康安欣慰地說：「爲了嘉勉諸羅地方官民的『奮力向義』，聖上特將此地賜名爲『嘉義』，大家趕快跪下謝恩吧！」嘉義之名由此而來，王得祿也因爲建立戰功得到獎賞，並從此開始他的軍旅生涯。

嘉慶初年，因爲海盜蔡牽在沿海一帶率衆行搶，使得在「黑水溝」（台灣海峽）行船

◎福康安官任陝甘總督協辦大學士，當台灣爆發林爽文之亂時，奉命來台督軍，在平定亂事的過程中屢建戰功，皇帝特別御製十座紀功碑與石龜座，四座刻滿文、四座刻漢文，兩座是滿漢文並刻。嘉義現存的一座紀功碑高三一〇公分，寬一四三公分。

的船員個個提心吊膽，大家都希望政府及早拿出辦法，以解決這批爲非作歹的惡棍。

蔡牽的騷擾範圍北起山東、南迄廣西，涵蓋了大陸東南沿海極廣的範圍，他還勾結陸地的山賊，一起做出打家劫舍的勾當。唯有擅長海戰的浙江提督李長庚，曾經在福建海域給予蔡牽迎頭痛擊，讓這批海盜沉寂了好一陣子，那時是一八〇三年（清嘉慶八年）。緊接著，蔡牽把陣地轉移到台灣，先從台南鹿耳門登陸，打劫商船換得巨額的贖款，然後一把火燒掉水師的營房，還奪走軍中的鐵砲，官兵們畏懼海寇的凶殘，手上又沒武器，只好眼睜睜看著蔡牽一夥人揚長而去。

「可惡！」李長庚在桌上用力一拍，部屬們嚇得不敢多言。「傳令下去，即刻備戰！」李長庚集合閩浙水師的力量，在淡水痛擊蔡牽，打了漂亮的一仗。不過，令人洩氣的是，蔡牽的黨羽在三個月後再度攻佔淡水，蔡牽還大剌剌地封自己是「鎮海威武王」，完全無視於官軍的存在。

李長庚接連受挫，只好找王得祿前來討論。「你是台灣人，對於『黑水溝』的形勢最了解，如今海盜猖狂，可有什麼對策？」李長庚問道。

「擒賊自當先擒王，如果任由海盜頭目蔡牽逍遙法外，『黑水溝』將永無寧日啊！」王得祿據實以報。

爲了追捕蔡牽，王得祿可說是使出全力，一八〇五年（清嘉慶十年）澎湖外海的一場苦戰，讓蔡牽折損不少船隻，王得祿也掛了彩，狂風巨浪讓戰船搖晃不定，王得祿的傷口滲出鮮血，可是他忍著疼痛，大聲鼓舞弟兄：「大家加把勁兒，一舉殲滅這批海賊！」

王得祿對海盜步步進逼，蔡牽便使出撒手鐗，他自己沉船阻斷海路，想要突破王得祿對他的窮追不捨；但王得祿另生一計，他用小船從縫隙中駛入，再施以火攻，蔡牽被追殺得無路可逃，最後只好投海自盡，一身罪孽隨之葬身海底。

王得祿平了蔡牽，被朝廷封爲二等子爵，賞戴雙眼花翎。面對茫茫大海，王得祿卻有著無限感慨。和刁蠻的海盜纏鬥了十年，雖說終究取得勝利，但也賠上健康，弄得渾身病痛，王得祿幽幽地嘆了口氣：「爵位、官階、榮華富貴我皆有之，但不知我這身老骨頭，究竟還能爲國盡忠多少時日啊！」

朝廷對於王得祿這樣的人才，的確是有所倚重的，不論是訓練水師，或是穩定沿海秩序，王得祿的實戰經驗都無人能及，他還運用巧思，設計出八槳的巡邏快艇，行駛在鹿港、鹿耳門這些沙岸地帶，大海對他而言，已是再熟悉不過了。

「雖說戰死沙場不足惜，但以我的身體狀況，似乎應該卸甲歸田了。」五十二歲的王得祿定居在福建養老，這時已是道光年間，滿清國勢走向衰亡，內亂外患不斷，連台灣也發生一場場的民亂，王得祿爲了捍衛鄉土，只好再度投身戰場，以老將之身展開廝殺。

一八四一年（清道光二十一年）中英鴉片戰爭爆發，英國船艦威逼到雞籠（今基隆），王得祿奉命駐守在澎湖，七十一歲的他重披戰袍，即使背已駝、腰已彎，但老英雄不改豪情壯志，愛國之心不減當年，他親自統兵出征，次年病逝於軍營中。

畢生戎馬的王得祿，因保鄉衛土之功，死後加贈伯爵。又因爲他曾受封爲太子太保，此後，他的出生地就叫做「太保庄」，今日則稱爲「太保市」，以紀念這位台籍的水師提督。

i

◎頂戴花翎是清朝官員品級的象徵，分單、雙和三眼，一枚羽翎為一眼，翎眼多者為貴。乾隆時非王室成員亦可因為功勳而賞戴花翎。

◎清道光年間所發生的鴉片戰爭，是近代中國對外的第一場戰爭，不僅和英國簽下不平等條約，此後中國不斷戰敗簽約，被認為是「痛史」的開端。

◎位於嘉義新港的「王得祿墓」是一級古蹟，墓旁有龍、鳳、獅、象四種靈獸護持，展現出磅礴的氣勢。

曹謹

台灣的水圳大師

天邊的烏雲黑壓壓壓一片，田裡的水牛嗚嗚低鳴，彷彿是被山雨欲來的氣壓逼得喘不過氣。不過，屋子裡的人卻焦急地仰頭張望：「老天爺，快下雨吧！大家都等著您賞賜雨水呢！」

台灣農民一向看天吃飯，雨水夠不夠，關係到他們的作物收成好不好。但是，雨水究竟是多是少，還是下得剛剛好，不多也不少，這完全不是農民能控制的；大家只能虔誠地對天祈禱，希望在辛苦之後有個好收成。

「如果能用河水來灌溉，就算不下雨也不用擔心了。」

「算了吧！河流距離農田那麼遠，我們哪有這個福氣喲！」

「老天爺對我們已經不錯了，今天不是下了一場大雨嗎？」

大家你一言我一語地說著，卻不敢停下手邊的工作，看著被雨水滋潤過的土地，心裡燃起希望，大夥兒做得更賣力了。

曹謹是新上任的知縣，他一來到這裡就發現了這個情況。曹謹是大陸內地河南省人

士，自幼勤奮讀書，後來考上了舉人，在一八三七年（清道光十七年），被派到台灣擔任鳳山知縣。

他從小生長在黃河流域，遠渡黑水溝（台灣海峽）來到陌生的南台灣，心中不免泛起一絲鄉愁。但曹謹仍然認眞地巡視地方，希望了解各地的情形，做出一些對鄉民有幫助的事。曹謹心裡想：「既然來到這裡擔任地方官，台灣就是我的第二故鄉了。」

「台灣的農民辛勤樸實，但是靠著『看天田』過日子，總是苦哈哈的，我應該想個辦法……」曹謹走訪各地，發現下淡水溪（今高屏溪）的水量豐沛，只可惜缺乏適當的水利設施將溪水引到農田裡灌溉。

一八三八年（清道光十八年），曹謹開始籌建灌溉水圳，並且親自探勘水源。雖然他對水利工程不是十分內行，但是他請來很多人才，也虛心詢問當地鄉親父老的意見，大家共同集思廣益，讓水圳的施工得以順利進行。

最後大家完成了四十四條水圳，導引下淡水溪的河水灌溉農田，多達兩千五百多甲。當時的台灣知府熊一本聽到這件事，還親自來到鳳山視察。

◎「知縣」是正七品官員，為一縣的最高首長。

◎高屏溪不僅水量豐沛，而且河床低平，適合築圳引水。

◎台灣納歸清朝版圖後，設台灣府，隸屬於福建省管轄，台灣府則設「知府」一員，負責所有政務，是最高首長。

「眞了不起！這下農民可不愁沒水用了，你的功勞不小呢！」熊一本稱讚曹謹。

「大人過獎了！這是大家共同的功勞，下官不敢居功。不過，水圳完工到現在還沒命名，希望大人指示辦理。」曹謹恭敬地回答。

「是啊！該取個什麼名字呢？」熊一本一時之間還做不出決定。

「大人，恕屬下斗膽進言……」一旁的師爺開口了。

「你直說無妨。」

「大人，屬下認爲，這水圳自籌建到完工，全是曹大人耗費心力的成果，才讓大家有水可以灌溉，徹底解決了水源不足的困難，鄉民都很感謝曹大人的功德。既然這樣，不如這水圳就命名爲『曹公圳』吧！」

「不！不！不！這怎麼行呢？下官受之有愧呀！」曹謹急得直搖手。

熊一本微笑不語，他早就聽說曹謹在鳳山一帶的治績了。曹謹勤政愛民，是鄉民心目中的好官，現在又完成這麼重要的水利工程，所以，他當下決定：「就叫作『曹公圳』吧！」

一八四二年（清道光二十二年），曹謹又命令當地貢生鄭氏兄弟，籌畫興建新的水圳四十六條，可以灌溉農田兩千多甲，這就是「曹公新圳」。「曹公圳」是台南以南最大規模的灌溉設施，受惠的農民不計其數。

中英鴉片戰爭期間，曹謹升任淡水同知，在基隆、淡水一帶招募士兵，籌設軍隊保衛地方，直到一八四六年（清道光二十六年）他才卸任返鄉，離開了台灣。

曹謹雖然走了，鳳山一帶的鄉民仍然感念他的功德，大約十多年後，就在鳳山的縣城書院旁邊建了一座「曹公祠」來奉祀曹謹；這是目前全台灣唯一的「曹公祠」。另外還有「曹公路」和「曹公國小」，都是爲了紀念這位親民愛民的好官。

◎鄭氏兄弟是指：鄭蘭、鄭宣治和鄭宣孝。

◎「同知」是正五品官員，自一七三一年（清雍正八年）以來，淡水同知掌管大甲溪以北的刑名和錢糧事。

洪騰雲

樂善好施、急功好義的艋舺大商人

山雨欲來前的悶熱，逼得人快要透不過氣。

「快下雨吧！雨點兒一落就涼快了。」扛著書箱包袱的家僕隨口說著。

「別只顧著貪涼，大雨一下，路面鐵定是泥濘難行，到時後我們怎麼趕路呢？」急著到府城（台南）參加考試的公子說道。

此時正值清光緒年間，台灣早已納入大清朝的版圖。但由於台灣地處偏遠，朝廷對台灣的經營治理並不積極，就以參加科舉考試這件事而言，考生必須千里迢迢地到台南去應試，不僅是旅途勞頓、疲憊不堪，更增加了交通食宿的開銷，一般清貧的農家，根本就負擔不起啊！

艋舺（萬華）的大商人洪騰雲得知此一狀況，很爲那些莘莘學子叫屈：「所謂十年寒窗無人問，一舉成名天下知。這些人讀得這麼辛

◎直到光緒元年台北設府，北部才開始有考棚設立。

◎鄭成功治台時期，將赤崁改為東都明京，設承天府（即台南），鄭經又在承天府修築孔廟，使得台南成為全台文教最發達的地區。

◎艋舺在平埔族的語音中是獨木舟之意，即今日台北的萬華。

苦，卻因外在條件的影響，連參加考試的盤纏都湊不出來，這樣怎麼可能金榜題名天下知呢！」

洪騰雲是福建泉州人，一八二四年（清道光四年）跟隨父親來台，選擇艋舺為住所，開始營商。「艋舺是北台交通樞紐，又是商業大鎮，只要我們好好經營米行，將來一定可以賺大錢。孩子，你可要好好爭氣，才不辜負咱們全家遠渡黑水溝的辛苦啊！」洪騰雲的父親不時地叮囑他，期望他在台灣能有一番作為。

艋舺確實是十八世紀以來，北台灣最繁榮的商業大鎮，所謂「一府二鹿三艋舺」，就是形容全台三個最熱鬧的市鎮。洪騰雲跟著父親學做米糧的生意，他的工作態度認眞，待人親切有禮，很快便博得顧客對他的好感。

「洪老闆，你的兒子比你強喔！」每當客人如此稱讚時，洪騰雲的父親總是笑呵呵地回答：「我年紀大不中用了，年輕人還請多多指教！」

洪騰雲可不認為父親是年老沒用，他用心地向父親請教一些做生意的訣竅，也認識不少來自福建、廣東各行各業的商人，不論他們在台灣的發展情況如何，洪騰雲總是把他們當成好朋友，如果有人遇到困難，洪騰雲就會出錢出力熱心相助，他經常說道：「所謂『人不親土親』，這些朋友跟我們一樣，都是渡海來台討生活，大家都是鄉親，理當彼此照顧。」

急公好義

洪騰雲五歲來台，對他來說，福建是祖籍，台灣則是原鄉，他在這塊土地上經商發展，逐漸累積財富，也廣交朋友，於是這時候他想有所回饋，爲這片土地盡點心力。

「不好了！暴雨成災，洪水沖沒田園，很多人沒了依靠……」米行的夥計神情焦躁地說著。洪騰雲抬頭看看自己的住屋，粗壯的樑柱、厚實的牆壁，遮風蔽雨不用愁，但他一想到無家可歸的災民，還有難以估計的農業損失，就覺得寢食難安。

「我的房子雖然不能收容每一個人，但我總可以出點兒錢幫助他們吧！」事實上，洪騰雲做的不只這些，他還捐錢在艋舺建了義倉，儲存米糧以備不時之需，又設置義塚，讓沒錢安排後事的異鄉人得以入土爲安，洪騰雲種種善行義舉，讓大家對他更多了幾分敬重。

到了清光緒年間，福建巡撫岑毓英來台巡視，發現中部大甲溪的水流湍急，時常造成船隻翻覆的不幸事件。

「如果能修建一座橋樑，豈不一勞永逸！」

「大人，修橋容易籌錢難，屬下以爲，如果能向地方士紳商人籌措經費，工程的進行

◎義倉和義塚是為了幫助貧苦無依的窮人，讓他們有糧食可吃，亡故時有地方入土為安，多由地方上的善心人士資助設置。

◎清朝自康熙二十三年統治台灣以來，僅在台灣設府，隸屬於福建省，所以是由福建巡撫兼管台灣，巡撫可於冬春二季駐台，夏秋二季駐福建，岑毓英是在一八八一和一八八二年之間，駐台四個半月。

可能較為容易。」岑毓英和台灣當地的官員一起討論。

當洪騰雲知道這件事，便義不容辭地出錢出力。「修橋鋪路是地方上最重要的事，如果我能盡一點微薄的心力，並藉此拋磚引玉，這絕對是值得的。」洪騰雲不僅出錢，還出了幾十名工人，又提供工資和食宿開銷。後來大甲橋順利完工，洪騰雲獲得大清政府的嘉許，在地方上也贏得大善人的稱號。

關於興建考棚這件事，一直是洪騰雲的心願：「台北如果能有個科舉考試的會場，考生就不必南北奔波地折騰了。」於是，洪騰雲捐出田地和經費，在今天忠孝東路和中山南路的交會處，建築了可容納兩千多人的考棚，受惠的考生不計其數。

台灣建省後，首任巡撫劉銘傳到任，他認爲洪騰雲的義行可嘉，就奏請朝廷爲他立坊嘉獎，並賜給「急公好義」的匾額一面。這座「急公好義」牌坊坐落在現今衡陽路、重慶南路路口一帶，直到日本人統治了台灣，基於交通發展的考量，才把牌坊遷到「新公園」（今二二八紀念公園）園內。

洪騰雲以八十歲的高齡去世，子孫們秉持家訓，在各方面都有傑出的表現，其孫以南是台灣著名的文人，曾孫長庚是全台第一位眼科博士。最難得的是，他們都保留了洪家慷慨助人、樂善好施的情操，正如「急公好義」坊上所言：「培子孫數十世，種福之田，積善有餘慶，晌看雲祈聯甲第。」

◎一八八三年（清光緒九年）的中法越南戰爭，凸顯出台灣戰略地位的重要。光緒十一年雙方停戰後，左宗棠上奏朝廷建議台灣建省，經慈禧太后批准後，台灣正式設省，劉銘傳為首任「福建台灣巡撫」。

◎洪騰雲曾孫洪長庚的故事，請參見第二一三頁。

沈葆楨

保衛台灣的欽差大臣

狂風掀起滔天巨浪，沖激著瑯嶠（現在的屏東恆春、車城）一帶的海域，海上作業的船隻迅速靠岸尋求庇護，一批琉球漁民急匆匆地登陸上岸，卻因為言語不通、溝通不良，和牡丹社的原住民起了衝突，其中好幾十個漁民慘遭殺害。這時是一八七一年（清同治十年）。

覬覦琉球已久的日本，正好利用這個機會，假借要替琉球漁民報仇，而在一八七四年（清同治十三年）出兵台灣，兩千多名士兵浩浩蕩蕩來到瑯嶠，這件事在歷史上稱為「牡丹社事件」。

清廷眼見日本蠻橫囂張，卻苦於內憂外患，歷經太平天國的叛亂，又受英、法等國的欺壓，所以遲遲不敢與日本交涉。這時，沈葆楨以欽差大臣的身分來到了台灣。

沈葆楨出身福建的書香世家，自幼飽讀詩書，成年後考中進士，很受朝廷重臣曾國藩的賞識；後來經由媒妁之言，沈葆楨娶了禁煙大臣林則徐的女兒，成為當時政壇上的一樁美事。

◎一八七四年（清同治十三年），日本藉口琉球漁民被台灣琅嶠（恆春）牡丹社原住民所殺，因而出兵台灣，之後中日簽訂北京專約，承認日本所為是「保民義舉」，並賠償軍費給日本，日本充分暴露侵台的野心。

「台灣蠻荒，日軍蠻橫，此番前往，還盼多多珍重！」在家人的不捨和祝福中，沈葆楨渡海來到南台灣。他很快就提出「聯合外交、儲備兵器、培育人才、暢通消息」的四項保台政策，希望能阻止日本對台灣的野心。

好不容易經過七次談判，並在美國大使的斡旋與交涉下，中日兩國終於簽訂條約，並且要付給日本一筆軍費，日本才答應撤兵離開台灣。

「台灣的物產富饒，地理位置優越，一直是列強侵略的目標。過去是因爲朝廷治台的政策太過消極，才讓日本有機可乘；如今我來到台灣，一定要加緊建設才行！」沈葆楨心裡盤算著。

爆發這次事件的原因，雖然是琉球漁民和台灣番社雙方面的責任，但是，原住民個性比較凶悍，的確是不爭的事實。所以，沈葆楨擬定了「開山撫番」的政策。

「朝廷對來台墾荒的移民有諸多限制，不僅不利於土地的開發，也影響到台灣民眾對政府的信任。」沈葆楨衷心地提出建議。沒想

◎清廷將台灣納入版圖之後，並不鼓勵漢人移民來台，以防止台灣人口增加而形成反政府的一股勢力，所以頒布限制漢人渡台的禁令；但偷渡的情況十分嚴重，禁令的執行也有許多困難，以致來台人數不斷增加。

◎清廷原對台灣的原住民採取放任的統治，但禁止漢人擅入原住民區（即番界），也不准雙方通婚，這就是通稱為「畫界封山」的措施，但執行上很難徹底，直到一八七五年在沈葆楨的建議下終告解除。

到，清廷眞的解除了山地封禁的政策，大陸內地漢人渡海來台的各項禁令也陸續廢除了，於是沈葆楨鼓勵大家前往後山（台灣東部）一帶開發，並且規畫修築道路，一方面增進開發的功效，同時也教育原住民，落實「開山撫番」的政策。

「台灣的面積雖小，但在行政區域的劃分上，應該增設府、縣積極經營。」沈葆楨在走訪各地後再次提出建議。到了一八七五年（清光緒元年），台灣由一府增爲二府——「台灣府」（統轄台灣、鳳山、嘉義、彰化、恆春五縣）和「台北府」（統轄淡水、新竹、宜蘭三縣）；而縣的數目也增加了，例如今天的宜蘭（原名噶瑪蘭）和恆春（原來的瑯嶠），都是依照沈葆楨的規畫而設立的。

沈葆楨身爲朝廷官員，卻能體會渡海來台移民的心思——許多漢人都是當年追隨鄭成功才來到台灣，如今鄭氏政權雖然被清朝取代，也沒人敢再倡議反清復明的事，不過，鄭成功仍是大家心目中的英雄。所以沈葆楨決定爲鄭成功立廟紀念。

「大人，鄭家是反清的叛賊，你可要三思啊！」

「鄭氏的反清是時代所造成的，他忠於自己的君主，其情可感；他們祖孫三代對台灣的開發，其功可佩。」沈葆楨力排眾議，開工修建紀念鄭成功的「延平郡王祠」。如今這裡已經是南台灣重要的名勝之一。

基於國防的需求，沈葆楨在安平、旗後、東港修築炮台，並禮聘法國工程人員籌建「億載金城」，這是全台灣的第一座西式炮台；沈葆楨又積極編組義勇軍，一改過去老弱殘兵的慘況，讓台灣能眞正發揮護衛自己的效果。

沈葆楨接連在一八七四、一八七五年兩度來台，停留的時間雖然不長，但對台灣的貢獻卻相當多，直到十年後台灣改建爲行省，許多建設的基礎，都奠基於沈葆楨時期。後人到「億載金城」旅遊，實在應該記得這位對台灣有許多貢獻的清朝官員。

◎一八七五年清廷調升沈葆楨為兩江總督兼辦理南洋通商事務大臣，沈氏乃於該年八月離台。

◎為了加強防務，沈葆楨在台南建立軍裝局和火藥局，另有八千多名洋槍隊先後自大陸抵台，並敦請法國工匠建造「億載金城」，周圍長一百八十丈，高一丈六尺，直到一八七六年九月才完工，此時沈氏已經離台。「億載金城」屬一級古蹟。

劉銘傳

爲台灣現代化奠定基礎的大功臣

遠山近樹越來越遠，台灣的一草一木逐漸在眼前消失，劉銘傳倚在船桅邊，回憶起在台灣六年多的日子，彷彿時光倒流……。

劉銘傳原籍安徽，年幼時僅僅受過幾年私塾教育，但在讀書期間，他知曉不少古聖先賢的事蹟，因而培養出一番豪情壯志。「大丈夫當生有爵，死有諡。」年少時期的劉銘傳自我期許著。

劉銘傳出生後不久，清廷先後在鴉片戰爭及英法聯軍中戰敗，內部又發生太平天國的動亂，民不聊生的現象十分嚴重，劉銘傳的父親爲了謀生，不得已做起不法的勾當，販售私鹽以圖利，當時稱爲「鹽梟」。

「鹽梟」經常大江南北地東奔西跑，接觸的階層頗爲複雜，黑白兩道都要有所來往，有時難免也發生一些逞勇鬥狠的事，劉銘傳跟著父親奔波，倒比一般年輕人顯得早熟又具膽識。

i

◎「爵」是泛指因為有功於國而享受的封號殊榮；「諡」則是當事者因為功勳顯赫，身故之後仍受到帝王重視而得到的稱號。

◎當時的內憂是指為患長達十四年的太平天國之亂，外患則指自中英鴉片戰爭以來的連串挫敗，包括兩次英法聯軍和北方帝俄對中國領土的掠奪。

◎當太平天國之亂席捲大江南北時，朝廷受限於應付外患而無法壓制太平天國，地方上為求自保，於是招募義勇，以「團練」的方式保鄉衛民，後來卻成為剿滅太平天國的主力。

當太平天國席捲中國時，劉銘傳的家鄉也受到波及。「各位父老兄弟，我們必須團結起來以求自保，才能躲過劫難，保鄉衛土。」劉銘傳組織「團練」，竟然屢建戰功。到了一八六二年（清同治元年），李鴻章代表朝廷招募軍隊征討太平軍，劉銘傳決定率衆投靠。這一年，劉銘傳二十五歲，成爲「銘軍」的首領。

數年之內，劉銘傳在平定太平天國、對付捻亂（黃河一帶的土匪）時建立了戰功，被封爲一等男爵。到了一八八四年（清光緒十年）爆發中法越南戰爭，法軍侵擾北台灣一帶，劉銘傳奉命來台督辦軍務，先後在基

◎黃河下游和淮水流域的農村遊民，結社四處作亂，太平天國起事後則與之相通，「捻亂」最後被李鴻章、左宗棠平定。

◎爆發於一八八三年（清光緒九年）的中法戰爭，是因為法國為了爭奪中國的藩屬越南，此時清廷已知台灣地位的重要，便派劉銘傳來台督辦防務。法軍曾攻打基隆、淡水，並陷澎湖。光緒十一年雙方停戰議和，越南歸法國所屬，台灣終免於被法軍佔領。

隆、淡水擊退敵軍，確保了台灣的安全。

這場戰爭讓清廷了解台灣海防地位的重要，台灣因而正式建省，劉銘傳就是首任巡撫，他決定在台灣經營出一番事業。

面對淡水夕照的美景，劉銘傳獨自站在淡水河河口，遙望著一片汪洋，回想起中法戰爭激烈的戰況，不由得一陣心驚：「如果我們不能自立自強，又如何應付外患再度侵犯！」於是，劉銘傳下令在澎湖、基隆、淡水、安平等地趕建炮台，並增設機器局和軍械所，以生產及儲存武器。

劉銘傳記得當年在上海跟太平軍作戰時，曾經見識過洋槍大炮的威力，也讓他十分感慨：「朝廷向來以『天朝』自居，但是經過幾次戰役，我們不得不承認，洋人的火器確實勝過中國，如今我們必須急起直追，迎頭趕上，才能挽救受制於人的不

利局面啊！」事實上，滿清政府也感受到技不如人的壓力，當時由恭親王、曾國藩、李鴻章等人推動的「自強運動」，就是希望能學習洋人船堅炮利的技巧，再來制伏洋人。不過，由於守舊勢力的牽制、朝中派系的爭鬥等因素，「自強運動」並未發揮實質的功效，連好不容易鋪設在上海的一段鐵軌，都在地方人士莫名的反對下而被拆毀了！

「什麼！火車會吃人？鐵軌壞風水？這是哪門子歪理！他們不做咱們做，鐵路建設攸關國計民生，

◎為了加強北台灣的防務，劉銘傳向英國購買鋼炮，安置在滬尾（淡水），並親題「北門鎖鑰」四字，顯示海防地位的重要。「滬尾炮台」目前是二級古蹟。

◎清朝自世宗雍正下令禁教以來，對於外界的轉變一無所知，從此進入閉關自守時期；到了高宗乾隆的時代，甚至以為中國仍是世界的中心，乃以「天朝」自居，殊不知歐洲的進步已是日新月異。

◎兩次英法聯軍的挫敗，朝中有志之士倡導以軍事國防為改革重點的「自強運動」，前後歷經文宗咸豐、穆宗同治和德宗光緒三朝三十餘年的努力，最後卻在甲午戰爭中敗給日本，而證明改革未收實效。

和社會經濟的發展，這是非修不可的。」劉銘傳堅決地表示。

一八八七年（清光緒十三年），台灣鐵路總局在台北成立，並由大稻埕開始分向南北動工，期間經過許多艱辛，也有不少工程人員犧牲，特別是基隆獅球嶺隧道的挖鑿就費了好一番功夫。「想當初這獅球嶺屏障了我軍，讓法軍不得進犯台北，如今這隧道開鑿卻又是如此艱困，皇天后土，還請指點迷津，保佑工程進行順利。」劉銘傳對天喃喃自語。後來，當隧道眞的鑿通時，劉銘傳親筆寫下「曠宇天開」四個字，至今仍高懸在獅球嶺隧道的上方。

鐵路之外，劉銘傳又架設基隆到安平、安平到澎湖、淡水到福州之間的電報線，並購置輪船往來於台灣、大陸和東南亞。爲了因應這些新式的建設，則設置西學堂、電報學堂等教育場所，培訓出更多人才，確實提升台灣的現代化。

在一系列新政的推動下，台北有了郵政總局、電燈照明和自來水供應，簡直讓人大開眼界！這其

◎劉銘傳於一八八七年（清光緒十三年）向德國購買的火車頭「騰雲號」，自一八八八年開始行駛於台北到基隆之間，直到一九二四年功成身退，目前陳列在「二二八紀念公園」內。

中許多建設經費的來源，是因爲劉銘傳積極清丈土地田畝、重新議定賦稅額度，而使國庫的收入增加，也使得農民的田賦負擔較爲公平，百姓獲益無窮，台灣也成爲「自強」新政中較具規模的省份。

一八九一年（清光緒十七年），台北到基隆的鐵路完工通車，但在這一年，劉銘傳以身體羸弱爲由，向朝廷請求告老還鄉而離開台灣。繼任的巡撫沒有劉銘傳積極，西學堂和電報學堂陸續停辦，南向鐵路也只通車到了新竹，劉銘傳得知後不勝唏噓：「想不到我一片心血、大家一番努力，竟是後繼無人！」五年後，劉銘傳病逝於家鄉，朝廷追贈他太子少保銜，諡號壯肅。劉銘傳爲台灣的現代化奠定基礎，並且沒有辜負「生有爵、死有諡」的自我期許。

劉永福

抗法、抗日的英雄

甲午戰敗，清廷被迫簽訂「馬關條約」，割讓了台灣。台灣人民聽到這個消息，誓死不接受日本的殖民統治。台灣以「永清」的年號，成立了「台灣民主國」，駐守在台南的劉永福，便展開軍事行動，和日軍激戰。

劉永福出生於廣東，父母在他小時候就過世。爲了討生活，劉永福淪爲盜賊，後來又輾轉逃到越南，躲避官府的追捕。

「整天不是躲躲藏藏，就是打打殺殺，這樣下去怎麼行呢！」劉永福捫心自問，決定要發憤圖強。

當時，越南由阮氏家族統治。劉永福依附於阮氏政權，一方面協助討滅流竄的盜匪；另一方面，他維持地方秩序，讓邊境的商業活動順利進行，商旅心甘情願地向劉永福繳交稅金。劉永福運用這些錢，編組了「黑旗軍」，在滇、越一帶名聲響亮，一般人甚至只聽過劉永福的大名，根本不知道還有越南的阮氏王朝呢！

◎「台灣民主國」年號「永清」，表示永戴清朝；以藍地黃虎旗為幟，表示不敢僭越大清皇帝，而隸屬於龍旗之下。

劉

劉永福出身貧困，現在雖然不愁吃不愁穿，他並不因此而驕縱。他積極地訓練軍隊，希望能有一番作爲。這時候，歐洲的法國虎視眈眈，想要奪取越南。劉永福的部衆控制著軍事要道，阻礙法國的大舉進攻，黑旗軍成了法國的眼中釘。在多次的激戰中，黑旗軍竟然能擊敗法軍，劉永福因此成了著名的抗法英雄。

劉永福在越南抗法的消息傳回清廷，朝野間大爲振奮！因爲自從鴉片戰爭以來，清朝已經好久沒打勝仗了，提起英法這些列強，更是嚇得不知所措，劉永福因此被授予官職。到了一八九四年（清光緒二十年），甲午戰爭爆發，劉永福奉命帶兵來台協辦軍務。

「朝廷已經決定把台灣割給日本了。」

「『台灣民主國』的成立，就是爲了抵抗日本人的統治。」有人說。

「日本的兵力這麼強，『台灣民主國』擋得住嗎？」

大家議論紛紛，劉永福也覺得徬徨無助，因爲他知道「台灣民主國」的總統唐景崧並不打算持久抗爭，只是順應大家的要求做個樣子。果然不出所料，沒多久，唐景崧就一走了之，北台灣立刻陷入日本的統治。

◎劉永福先後於一八七一年（清同治十年）和一八八二年（清光緒八年）在越南河內大破法軍，並殺其統帥。中法越南戰爭期間，劉永福正式受命襲擊侵越的法軍。

「台灣民主國名存實亡，大人，您就出任總統來領導我們吧！」面對部眾的建議，劉永福拒不接受；但是，民族意識依舊深藏在心裡。台灣總督樺山資紀寫了一封勸降書給劉永福，劉永福也是拒不接受。

「日本人開出來的條件的確很優厚，我很清楚他們的用心，他們想全面掌控台灣，我眞的不想讓他們得逞；只不過，我究竟有多大能耐呢？」劉永福不勝欷歔。

在日本人還沒攻來以前，劉永福盡力維護台南府城的秩序。「劉永福義不降倭」的名聲，很快就在南台灣傳開了。

台灣民主國從一八九五年（清光緒二十一年）五月成立以來，已經過了三個月，全台抗日中心由台北移到台南，鄉民士紳對這名抗法英雄充滿期待；但是，巧婦難為無米之炊，劉永福的軍隊缺乏糧食和武器，他想盡辦法籌募資金，可惜效果有限。

「台灣民眾基於民族情操紛起抗日，總敵不過日軍大規模的屠殺、鎮壓，這樣犧牲下去會有結果嗎？」劉永福無語問蒼天。

九月入秋以來，台南的情勢日益惡化，不僅府庫全空，民眾也對未來失去信心。劉永福深知情況不妙，但是還在籌措經費，想做最

◎「台灣總督府」在六月十七日舉行「始政典禮」後，其實僅僅控制基隆、淡水和台北三地，抗日中心南移到台南，劉永福設置糧台，發行官銀票和股份票籌措軍費，但仍捉襟見肘。

後的掙扎。到了十月，日軍逼境的壓力越來越大，劉永福無限感嘆：「局勢無法挽回，我領著大夥兒對日抗爭，只是徒增傷亡，我又能怎樣？」

劉永福選擇趁夜離開，內渡到大陸。

台灣民主國的抗日行動結束，劉永福回到家鄉廣東，繼續以「黑旗軍」的兵力鎮壓匪徒作亂，維持地方秩序。辛亥革命成功，劉永福擔任廣東省民團總長，仍然熱心督辦鄉里事務。劉永福在民國六年去世，雖然不曾再回到台灣，但他一定不會忘記，他曾賣命打拚的這片土地。

◎劉永福在十月二十日和親信一起搭乘英船內渡到廈門，後以黑旗軍駐防在廣州。

◎一九一一年（清宣統三年）武昌起義成功，是為「辛亥革命」，以次年元旦為中華民國的開國紀念日。

唐景崧

台灣民主國的十日總統

「台灣割則天下人心皆去，朕何以爲天下主！」光緒皇帝一摔奏摺，憤怒地說道。

「皇上息怒，臣等並未建議割讓台灣，只不過日人囂張蠻橫，而我軍在戰場上的應變又是十分……」一群大臣嚇得跪在地上，連話都還沒說完，就被皇帝給趕了出去。這時是一八九四年（清光緒二十年），中國和日本爲了朝鮮（韓國）問題而爆發戰爭，史稱「甲午戰爭」。

經過「自強運動」將近三十年的改革，原本以爲可以展現高度戰鬥力的大清軍隊，沒想到一遇上日軍，立刻變得不堪一擊，戰敗的消息不斷傳來，光緒皇帝氣得捶胸頓足，而日本則趁機提出極爲嚴苛的條件。

一八九五年（光緒二十一年）三月，清廷自知大勢已去，就派了

◎日本經過明治維新的改革圖強，便以中國和朝鮮作為侵略目標。一八九四年（清光緒二十年）爆發的甲午戰爭，實因朝鮮問題而起，但中國在戰場上的慘敗，不僅證明「自強運動」失敗，戰後所簽訂的議和條約中，更對日本作出最大的犧牲讓步。

李鴻章、李經方父子到日本去談判請和。「台灣人民一致表示，他們寧死不屈，絕不肯接受日本的統治。」儘管李鴻章語氣堅決地表示，朝廷不可能把台灣割讓給日本，可是，日本仗恃著船堅炮利和戰勝的優勢，不斷地威脅清廷，即使李鴻章在談判的過程中遇刺受傷，還是無法改變日本人要求割讓台灣的企圖。到了四月中旬，中日雙方簽訂「馬關條約」，清廷將台灣、澎湖割讓給日本。

這時候，身為台灣巡撫的唐景崧，急得六神無主，喃喃自語地說：「『馬關』割台後人民奔相走告，然後抱頭痛哭，大家誓死不從，這該如何是好？」

唐景崧原籍廣西，從小好讀書，但個性木訥固執，精於研究學理卻不善處事，同治年間曾考取進士，派任吏部主事。光緒年間中法越南戰爭爆發，唐景崧自請進入越南。當時越南是大清藩屬，卻受到法國的覬覦，唐景崧不畏形勢險惡，在越南和當地的「黑旗軍」共抗法國。

「大人，『黑旗軍』首領劉永福求見。」

◎甲午戰爭後，清廷派李鴻章、李經方父子前往日本下關（馬關）議和，在日本首相伊藤博文的威逼下，即使李鴻章遇刺受傷而引發國際關切，最後仍被迫簽下「馬關條約」，除賠款等項目之外，又將台灣、澎湖和遼東半島割讓給日本。

◎黑旗軍是抗法名將劉永福所創。劉永福以七星旗的大纛（行軍時的大旗）號「黑旗軍」。之後率軍入安南（越南）平亂，直到中法戰爭結束，黑旗軍乃奉召歸國。甲午戰起，劉永福於一八九四年（清光緒二十年），倉促招募六營黑旗軍來台，但武器老舊、兵員不足，難以和日軍對抗。

「快請！」唐景崧禮貌性地招呼著，可是，心裡卻不怎麼高興。

劉永福在越南多年，不僅熟悉越南的情勢，和各階層的交往也十分熱絡，一般商旅如果遇到麻煩，多半請求劉永福協助解決，所以，當地人便戲稱越南人是「知有劉永福而不知有越南王」！可是，在唐景崧的眼裡，「黑旗軍」並非朝廷所屬的正規部隊，這劉永福不過是個領軍頭目，怎能跟他相提並論；於是，兩人在討論軍務時，不免各持己見而不能相容。

中法戰爭結束後，朝廷認爲唐景崧在越南期間激勵了士氣，即使兵潰也有戰功，將他晉秩二品，並授台灣兵備道，之後又升爲布政使，一八九四年（清光緒二十年）成了台灣巡撫。

「甲午戰爭」的戰況激烈，唐景崧身爲台灣巡撫，心裡忐忑難安，這時候，劉永福也在台灣協辦軍務，由於在越南時兩人就合不來，這時台灣的情勢又岌岌可危，劉永福乾脆移師台南，和台北的唐景崧來個不理不睬，以免因爲個人好惡而壞了大事。

清廷終究向日本屈服而割讓台灣，可是，台灣人不肯成爲日本統

◎馬關割台後，一些愛國的地方士紳在絕望中所做的努力，就是建立「台灣民主國」，藉以激勵島上的抗日士氣，另一方面則爭取國際同情，希望能獲得國際承認；但在日軍的鎮壓下，民主國不到半年即瓦解。

◎早已將遼東半島視為囊中物的俄國，不願見到日本在馬關條約中獲佔遼東半島，便邀集歐洲的聯盟德國和法國，要求日本歸還遼東半島，而清廷則出錢補償日本的損失，此為「三國干涉還遼」。台灣士紳和當時朝廷大臣張之洞等人，也想仿此模式而借助英法等國，來干涉日本獲取台灣，可惜並未成功。

治的亡國奴，決定獨立建國，這就是一八九五年（清光緒二十一年）五月成立的「台灣民主國」。

「大人，您是台灣的長官，是人民的統領，『台灣民主國』有賴您的領導，和日本做最後的抵抗！」

「如此重責大任在身，大人也不必過度憂煩，台灣宣布獨立，只是爲了抵抗日本，我們依舊效忠聖上和朝廷，『台灣民主國』年號『永清』，足以證明台灣人民心之所繫。」衆人一致地勸說，讓唐景崧不得不接受「台灣民主國」的總統一職。

在此之前，唐景崧曾和朝廷重臣張之洞聯合，想要借助英、法、俄的力量，阻止日本佔領台灣。但是，這三國在外交上各自有所考量，根本不想干預台灣的事務。唐景崧得知求援無望，心灰意冷地表示：「如果要以台灣自身的兵力去跟日本做抗爭，根本就是白白送死！」

現在做了總統，唐景崧的心裡卻想著：「割台已成定局，想要抗拒日本的接收，簡直是以卵擊石！」

幾天後，日軍從澳底登陸，越過三貂嶺，基隆失守。

「大人，日軍以大屠殺的方式鎮壓反抗，台北不保，您要早做打算啊！」屬下的報告，讓唐景崧更是心慌意亂，他決定收拾細軟財物，走為上策。

唐景崧倉皇逃離，搭乘德國人的船隻回到大陸，「台灣民主國」苦撐了五個月便宣告瓦解。人稱唐景崧為「十日總統」，就是指責他臨危脫逃的窘狀；但也有人同情他的處境，認為當時即使諸葛亮再世，也無法挽救台灣的命運！無論如何，唐景崧的出走，並不代表抗日行動的終結，台灣人民悲壯的抗日戰爭，在各地如火如荼地展開，烈士們拋頭顱、灑熱血的民族情操，足以驚天地而泣鬼神！

李春生

處處爲民著想的大富豪

中國從清朝乾隆皇帝以來，一直以「天朝」自居，並不知道他國的強盛和進步，但由於「鴉片戰爭」的失敗，終於讓朝野見識到洋槍大炮的厲害。戰後所簽的條約中，開放了廣州、廈門、福州、寧波和上海五個口岸，英國人可以前來通商傳教，出生於廈門的李春生，就在這種情況下，跟父親一塊兒信了基督教。

十幾歲的李春生，正是學習力極強的年齡，他和英國教士接觸來往，不僅學了一口流利的英語，更由於他的領悟快速，讓他從洋人經商的過程中拓廣了視野：「咱們中國傳統的買賣方式，不僅太過保守，而且缺乏尋求突破的企圖心，很多方面都需要改進。」

李春生在廈門的英商洋行做買辦，對內負責貨物進出口，對外則擔任和洋人溝通應對的工作，這時他剛滿二十歲，卻把洋行經營得有聲有色。不過，後來因爲「太平天國」攻佔了福建，危及到廈門的安

◎清廷於鴉片戰後簽定了「南京條約」及「五口通商章程」，開放廣州、廈門、福州、寧波和上海五個通商口岸。

◎漢人洪秀全以「拜上帝會」的名義，於道光三十年起事抗清，號「太平天國」，直到同治年間始告平定，這是清末最嚴重的一場內亂。

全，英國老闆決定暫停廈門的洋行業務。

「我看你是個人才，應該速謀發展，現在你帶著我這封信，到台灣去投靠杜特（John Dodd）先生吧！」在英國老闆的推薦下，李春生來到淡水的「寶順洋行」。

英國是所有歐洲國家中最講究喝茶的一國，杜特和李春生在北台灣獎勵農民種茶，並且改良烘焙的方式，製出了甘甜的好茶，讓人讚不絕口，茶葉因而成為台灣重要的產業之一。

製茶致富的李春生，並不因此而滿足，後來他自行創業，更擴大業務範圍，把台灣的煤炭、米和糖輸出，並進口煤油、布料等洋貨，短短幾年就累積了鉅額財富。有人稱他致

◎台灣開港通商後，茶葉的出口量一直在成長，一八七一年約為一八六六年的十倍，一八七五年又增為三十倍，一八九二年已是一八六六年的一百倍。茶葉成為台灣對外貿易出超的原因之一，其中以烏龍茶佔百分之九十，其次是包種茶，多由淡水出口而行銷各地。

富是個奇蹟，李春生不以爲然：「我之所以能夠白手起家，是因爲心細勤奮，確實地掌握市場需求，再安排進出口事宜，絕非僥倖得到財富！」李春生說得沒錯，他做事穩妥務實，又從洋人身上學了許多長處，一番成就絕非偶然。

清廷接連在「鴉片戰爭」和兩次「英法聯軍」中戰敗，因而興起改革圖強的「自強運動」，但是，「自強運動」的內容欠缺整體規畫，充其量只是頭痛醫頭、腳痛醫腳，再加上主事者未能得到充分的授權，還得應付守舊派的抨擊，「自強運動」成功的希望渺茫。

李春生雖然是個商人，他對國家局勢十分關心，甚至能根據國際情勢，分析

出一番道理：「中國幅員廣大，想要徹底改革，的確困難重重。反觀地處邊陲的台灣，地方新闢且疆域不廣，正好用來推行改革新政；而且，就因爲台灣位於東南外海，還可以免卻朝廷裡爭執不下的紛紛擾擾，事情的推動自然就順利多了！」李春生的見解沒錯，後來劉銘傳在台灣從事建設，果眞使台灣成爲自強新政中最成功的省份。

當清廷推行「自強運動」的同時，日本也在進行西化的改革——「明治維新」。經過仔細的比對，李春生發覺，日本的改革是脫胎換骨地進行，往後勢必對中國形成嚴重的威脅。果然，就在一八七四年（清同治十三年），日本藉口琉球漁民被牡丹社原住民所殺，因而大軍入侵南台灣，被稱爲「牡丹社事件」。

「日本人的野心已經很明顯了，朝廷如果還不知防範，遲早會出大亂子。」李春生感慨地說。二十年後，日本在「甲午戰爭」中打敗中國，索求的賠償條件之一竟是割讓台澎！

年近六十的李春生，不僅是全台排名第二的富豪（第一是板橋林家），更具有德高望重的聲望，當台灣陷入無政府狀態而人心惶惶時，大家都希望李春生出面，爲百姓謀得一條

◎日本在一八六八年進行由明治天皇所領導的「明治維新」，這是一次大規模的西化改革運動，此後日本成為亞洲最現代化的國家，並接連在甲午戰爭和日俄戰爭中擊敗中國和俄國，足以證明明治維新在富國強兵上的成功。

◎林家的故居「林本源園邸」又稱為「林家花園」，位於台北縣板橋，是二級古蹟。

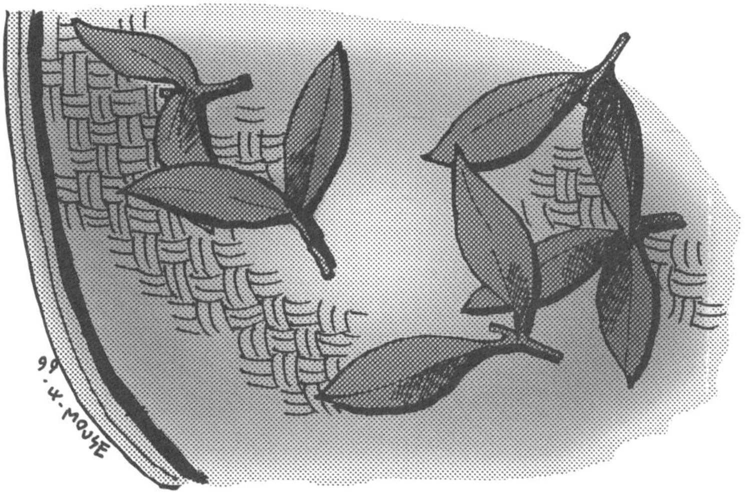

生路。「台灣人誓死不做亡國奴，可是，領導大家抗日的『台灣民主國』已經瓦解了，現在日軍兵臨城下，難道我們都只剩死路一條？」

李春生一聲長嘆，難掩心中悲憤，他當然不能看著大家走上絕路，雖然他也不想接受日本的殖民統治。可是，台灣同胞的力量，根本不是日本正規軍的對手，一味地頑強抵抗，只會帶來更慘痛的犧牲。李春生冷靜地分析，決定邀集士紳和代表，把話說個明白：「我李某並非貪生怕死之輩，如果我們的抵抗眞能迫使日本放棄台灣，我願身先士卒；但是各位想想看，朝廷已經割讓台灣，日本怎麼可能輕易放手？況且形勢比人強，我們爭得過日軍嗎？萬一弄到老弱婦孺不得倖免，又豈是你我所樂見？」

最後，李春生懇請日軍「和平」入城，保全了台北居民生命財產的安全。

台灣總督府特別表揚李春生維護了台北城的治安，他一直受到日本人的尊重，直到八十六歲高齡，遊歷台灣的日本皇太子還頒贈他功勳。但是，無論如何，李春生沒忘記自己是漢人，在他的人生哲學裡，他特別推崇孔子，對於西方所盛行的「自由」之說，他也提出自己的看法：「自由不是任意所爲，過與不及都不恰當，而儒家所說的『中庸』之道最是完善。」

李春生飛黃騰達的一生，是努力不懈換得的成果，而他樂善好施、熱心公益的情懷，更讓他福庇後人，子孫裡出了不少人才。這位來自「唐山」的生意人，扎根台灣，也永爲大家所懷念。

◎「台灣總督府」於一八九五年（清光緒二十一年）成立，總督總攬行政、立法、司法和軍事大權。日本統治台灣的五十一年間，共經歷十九任總督，其中文官有九位，武官有十位。

胡鐵花

盡心盡責的後山知州

破曉時分，山巒自朦朧縹緲的雲海中浮現，在旭日光芒的映照下，台灣後山（台灣東部）景色如詩如畫。台灣自一八八五年（清光緒十一年）建省以來，後山一帶仍是開發最落後的地區。

胡傳（字鐵花）在一八九二年（清光緒十八年）抵達台灣。他出生於中國安徽省，因爲家裡經營茶葉生意，從小跟著父親管理貨物、核對帳目，練就了精打細算的本事，再加上做生意免不了東奔西跑，也使得他見多識廣，雖然他科舉考試不大順利，但是他辦事能力極佳，得到朝廷大臣的推荐，被派到東北辦理墾荒的任務。台灣首任巡撫劉銘傳離職以後，接替的是邵友濂，這時候，胡傳以「全台營務處總巡」的身分來到台灣。

「這裡是我陌生的地方，必須先仔細觀察觀察。」足跡遍及大江南北的胡傳，花了大半年的時間走訪各地，連離島的澎湖都去了，寫

◎台灣建省之前是隸屬於福建省，直到中法戰爭後才正式建為行省。

◎一八七五年（清光緒元年）設立「台北府」於台北；原名「大加納」的台北始稱為台北。一八八七年（清光緒十三年）又設布政使司，府衙建築則於兩年後完成。所以，當時對東部的開發是不太重視的。

◎劉銘傳在一八九一年（清光緒十七年）四月辭官返鄉，由邵友濂接任其職，邵氏於一八九四年（清光緒二十年）九月離台。

下詳實的紀錄。

第二年，邵友濂任命他代理「台東直隸州知州」一職。

「台灣東部可說是不毛之地，而且民風剽悍，原住民和漢人常常有糾紛，你這一去，一定要好好保重！」對於家人的殷切叮嚀，胡傳語重心長地說：「造成不毛之地的原因，是因爲地方官不願久留，根本就缺乏開發的誠意；至於居民的爭端，也是因爲原住民和漢人的人口比例是十比一，漢人爲了生活，不得不和原住民搶奪耕地。如果官府的處置不當，爭端當然一觸即發。」

胡傳說得沒錯，「後山」地處偏遠，沒人願意被分發到任，即使來了，也是想盡辦法趕快調走。所以短短六年不到，換了八位知州，怎麼可能有所建設呢？

胡傳身爲代理知州，就是當地的最高行政首長，還兼掌軍權，他決定進行改革，促

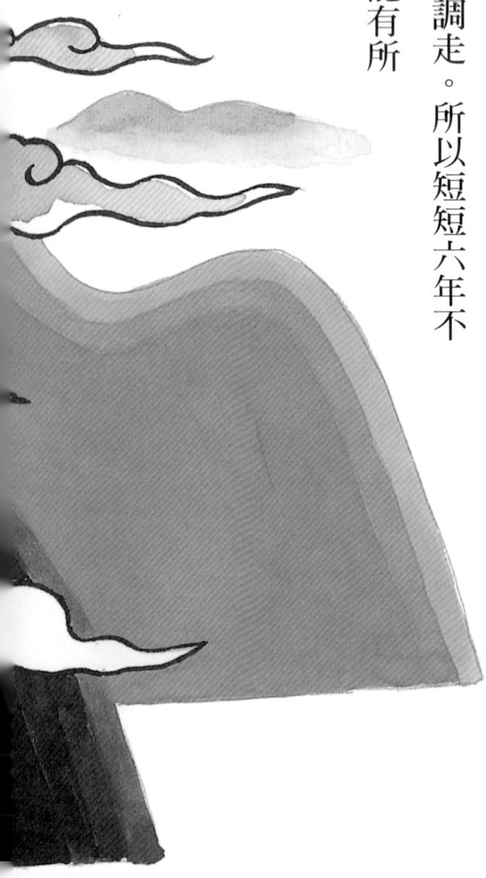

◎移民台灣的漢人以農民居多，拓墾是他們謀生的唯一出路，雖然清廷下令不准漢人擅入原住民區，但漢人為了取得耕地而私闖番界，與原住民爭地的情況仍十分嚴重。

進「後山」地區的進步。

「軍隊裡暮氣沉沉，這是怎麼回事呢？」視察過軍旅的操練後，胡傳不解地問，可是部隊長官支支吾吾。

「我要親自去看軍隊的生活，徹底地了解。」原來，問題出在軍隊裡竟然可以吸食鴉片。「簡直是豈有此理！中國在鴉片上吃的虧還不夠嗎？台灣人不醒悟，究竟要沉淪到什麼時候！」一想到道光年間的鴉片戰爭，朝廷不僅割地賠款，從此更受

盡洋人的欺凌，胡傳忍不住悲從中來。

「整頓軍紀、禁食鴉片，都是刻不容緩的事。鴉片危害個人健康，還造成社會不安，甚至讓國家失去對抗外敵的能力，這實在是太嚴重了！」胡傳痛心疾首地向上級報告。不過，長官並沒有決心徹底查辦。

胡傳決定自己來做，他要求煙癮較淺的士兵立刻戒除，無法戒煙的人則離開軍營，不要留下來敗壞風氣。正當胡傳想要有所作爲的時候，不幸的消息傳來，中國對日戰爭（即甲午戰爭）失利，雙方簽訂「馬關條約」，台灣被割讓給日本。這時候，台灣的情勢一片混亂。

「大人，清廷的官員大部分都撤走了，軍隊也散了，日軍兵臨城下，老百姓的抗爭恐怕是凶多吉少，您有什麼打算呢？」

「想不到建設才剛起步，就遭遇到這樣的挫折，現在我只能堅持地方官的職責，維持治安吧！」可是，不利的形勢接踵而至，後山一帶的糧餉很快也用完了，胡傳只好黯然離台。

胡傳返回廈門幾天後便病逝了，當時他的兒子胡適才五歲。胡適後來成爲著名的學者，對中國近代有很重要的影響，如今他的墓園就在南港中研院附近。

◎胡適是民國初年新文化運動的領導者，在文壇和政壇都有著舉足輕重的影響。政府遷台後，他擔任中央研究院院長一職，去世後便葬在南港中研院附近，並以「胡適公園」之名紀念。

林維源

為台灣慷慨解囊的大富豪

秋風送來陣陣桂花香，林維源望著迴廊外的無邊秋色，不禁由衷地感動。「精緻的園林房舍是先人辛勤的累積，我身為林家子孫，可不能讓他們失望啊！」

林維源所思念的，是祖父林平侯。據《台灣通史》裡記載，林平侯是在乾隆年間，跟隨父親由福建漳州遷居台灣，因經營船務和製鹽而致富。當時的枋橋（今板橋）已住了不少漳州人，林家決定從大溪遷往板橋，作為永久的居所。這時候，林平侯已有五男，分別是國棟、國仁、國華、國英和國芳。

「希望他們日後都能有所成就，我就用『飲水本思源』這五個字，作為孩子們事業的行記吧！」林平侯對子孫殷殷教誨。五個兒子中，國華和國芳特別傑出，二人將「本記」、「源記」合而為一，稱為「林本源」。

林維源是國華的兒子，因為叔叔國芳無子，林維源就過繼給國芳。面對偌大的家業，林維源未曾表現出一絲驕氣，他和哥哥一起在

◎《台灣通史》，請參見第一六〇頁連橫內文。

廈門孜孜不倦地讀書，也不忘事業的經營。「『林本源』的事業範圍除了米鹽糧食，還有航運和錢莊，這麼廣泛的經營，該學的實在太多了。」不滿二十歲的林維源自我期許頗高。

「林本源」越做越大，的確需要能幹的人才相挺，林維源決定回台定居，好好經營事業。這時是一八六二年（清同治元年），台灣發生了「戴潮春」的抗清事件，林維源眼見亂事擴大，便主動捐出銀兩，協助來台平亂的清軍。「戴潮春仗著『天地會』的聲勢作亂，並不能與民謀福，只會加重社會的動盪不安。」林維源這麼認爲。

林維源對朝廷的忠誠，讓林家從此和政治有了關連，十多年後當福建巡撫丁日昌來台視察時，林維源前往晉見，這時黃河流域的河南省正發生災變，林維源立刻捐錢相助：「即使遠在大陸內地，但大家血脈相連，如今同胞有難，我豈可坐視？」林維源的熱心，讓丁日昌對林家留下深刻的印象，也使他得到內閣中書的官銜。

正值四十歲壯年的林維源，不僅掌管整個家族的事業，還得到朝廷的重用，負責督造台北城的小南門，完工之後，他再度獲得朝廷獎勵，眞可說是光宗耀祖。

◎原籍彰化的戴潮春以團練之名糾衆數萬，於一八六二年（清同治元年）起兵反清，直到次年年底才被清軍捕獲，但其餘衆要到同治六年才被消滅殆盡。

◎丁日昌於一八七五年（清同治十四年）年底來台，次年即以健康欠佳的理由返回福州，時間雖短，但他卻巡視各地，甚至遠及離島的澎湖。

林維源出錢出力地協助建設，清廷把他視爲是台灣的棟樑之才。一八八四年（清光緒十年）中法戰爭爆發，朝廷希望林維源能捐出一百萬兩支援軍費，這一次，林維源可沒答應：「戰爭是國家大事，理當由中央出面處理；建設爲的是替鄉里謀福，我自當支持，兩者絕不能混爲一談！」樂善好施的林維源也有他的原則，他因此而遠走廈門，直到戰爭結束，台灣正式建爲行省，首任巡撫劉銘傳走馬上任，林維源才重返台灣。這時候，他慷慨地捐出五十萬兩。「劉大人是個有抱負、有作爲的清官，自當全力支持。」林維源把是非分得清清楚楚。

劉銘傳對林家早就有所風聞，此時既然林維源有心效力，劉銘傳就順水推舟，讓林維源成爲建設台灣的重要幹部。於是，林維源被任命爲撫墾局幫辦，負責墾務和鐵路協辦，而林家過去在大溪的舊宅，還成了撫墾局衙門，負責開墾荒地、增拓農地的任務。

爲了籌措建設經費，劉銘傳認爲，如能清丈全台各地田畝，定出合理的田賦稅則，就可以增加財政收益，也不愁沒錢建設了。這項工作的進行上，林維源出力頗多，讓劉銘傳對他更加器重。「稅收由每年的十八萬三千多兩，增加到如今的六十七萬兩，可眞是一筆不小的數目啊！」劉銘傳得意地說道。

這時候，一些歐洲商人來台營商，他們多居住在交通便捷的大稻埕一帶。林維源腦筋一動，立刻想到建築精緻的洋樓，再出租給這些洋商，這一定是不錯的謀財之道，他的應變力和巧思的確爲自己賺得大筆財富。

林家事業蒸蒸日上，人丁也更加興旺，原來的三落大厝已經不夠住了。「這五十多間房舍已經人滿爲患，我看是非擴建不可了。」林維源決定增建宅邸，直到一八九三年（清光緒十九年）才完工。

和三落舊大厝的金碧輝煌相比，嶄新的五落新大厝顯得樸實精巧，更有一番風采。林家即使已經成爲台灣首富，林維源更是集榮華

◎咸豐年間的兩次英法聯軍之役後，台灣正式開放安平（台南）、打狗（高雄）、雞籠（基隆）、滬尾（淡水）為通商口岸，外商陸續設立洋行從事商業活動，台灣的國際地位日趨重要。

富貴於一身，但他從不驕矜自持，仍舊小心翼翼地待人處事。例如督建房舍時，林維源就一再交代，自屋頂到窗櫺的設計，都不可以逾越身分而超過官府的規模。所以，這座佔地一千兩百多坪的宅邸，屋宇氣勢非凡，庭園如詩如畫，不論清晨或午後，都是風采萬千。

林維源本打算含飴弄孫，終老於此，但是，隨著局勢的變遷，逼使他遠走他方。因爲中日甲午戰爭爆發，清廷戰敗，而在一八九五年（清光緒二十一年）割讓台灣，台灣從此淪於日本的殖民統治，面對此一變局，林維源決定遠走廈門，避開日本的壓迫。

對於林維源這樣特殊的人物，日本人不僅不會打壓，反而是極力拉攏，民政長官後藤新平曾經親自到廈門，勸說林維源返台爲日本人效力，林維源堅決地表明態度，絕對不會爲了日本人而回台發揮影響力。直到一九〇五年（清光緒三十一年）逝世，他對日本控管台灣仍舊耿耿於懷。

林維源得年六十六歲，葬於福建漳州，算是魂歸故土。台灣的所有事業則交由子孫經營，而板橋的「林本源園邸」（俗稱林家花園），則是全台園林造景中最著名的一處，亭台樓閣處處引人入勝，流連其中，不禁感嘆，物換星移，今夕是何夕！

◎後藤新平，請參見第一三四頁後藤新平內文。

卓杞篤

守信重義的英明頭目

荒煙蔓草的林間，一群手執武器的勇士，戒慎、小心地匍匐前行。他們聽到奇怪的聲響，前往一探究竟。

「小心，前方有不明人士靠近！」

「天哪！妖怪來了，大家攻上去！」

這是發生在一八六七年（清同治六年）的「羅佛號事件」。

「羅佛號」（Rover）是一艘美籍商船，從中國廣東出發以後，不幸在蘭嶼附近觸礁，船上的水手等十多人，駕駛輕艇在台灣恆春登陸。他們的體格高大，金髮碧眼，高鼻長鬚，恆春一帶的原住民沒有見過，加上言語不通，船員求助時急切的語氣和表情驚嚇了原住民，而被誤認為是妖怪！雙方誤會衝突，結果原住民殺了這些水手。

「怎麼會發生這種事情！以後如果又有船難，台灣的原住民還要殺人嗎？」美國駐廈門領事李先得（Le Gendre）遺憾地說。

◎中英鴉片戰爭後，清廷開放了大陸沿海五個通商口岸，英船經常行經台灣海峽。雞籠（基隆）的煤炭正可供給船舶燃料，但因基隆不屬「通商五口」範圍中，英人屢次要求買煤均遭朝廷拒絕。這時，美國也對台產生高度關切，東方艦隊司令培理（Commodore Perry）還派人到基隆調查煤礦，甚至有人向政府建議購買台灣，但因當時美國國內政情複雜而未理會此事。

◎廈門即屬於通商五口之一，另四個通商口岸是廣州、福州、寧波、上海，均開放於道光二十二年（一八四二）。

當時，台灣已經開放了滬尾（淡水）、雞籠（基隆）、安平（台南）、打狗（高雄）等四個港口，前來通商的外國船隻很多，如果和原住民一再衝突，絕對不是一件好事。李先得決定親自拜訪台灣總兵劉明燈，要他出兵教訓這些「野蠻人」。

「那些『生番』凶悍、殘暴，簡直不可理喻，跟他們爭鬥是自討苦吃，根本不能解決問題！」劉明燈揮揮手，把事情推得一乾二淨。

劉明燈所說的「生番」，就是恆春一帶的「斯卡羅族」。斯卡羅族是台東卑南族的一支，遷居恆春以後，深受排灣族的影響，而被清廷歸於排灣族之中，稱爲「瑯嶠十八社」。

「瑯嶠十八社」的首領卓杞篤，外表孔武有力，卻心思細密。他很受族人尊重，說話也很有影響力。由於清廷政府官員的高傲態度，總把他們當成是不堪教化的「生番」，讓卓杞篤很心寒。

「我們的文化水準，也許不能和朝廷相比；但是，我們都是講道理的人，他們憑什麼看不起人！」卓杞篤憤憤不平。

劉明燈幾次邀請他，來談談「番人」和漢人的相處方法，卓杞篤都冷冷地回絕了。這

◎原住民中的平埔族開化程度較高而被稱為「熟番」，高山族則被稱為「生番」。

次，情況大不相同，因爲李先得親自跑來找卓杞篤。

「洋人的模樣奇形怪狀，拿的武器更是厲害，我們該怎麼辦呢？」「要不要到山裡去避一下？」族人不免憂慮起來。

卓杞篤靜靜地思考了一下，心想逃避總不是辦法，於是大聲地說：「就讓我們嚴陣以待，看看他們究竟要做什麼！」

李先得在英國商人必麒麟（W.A. Rickering）的陪同下，來到「瑯嶠十八社」。

卓杞篤在族人的簇擁中，嚴肅地坐在草棚中。基於安全需要，族人都佩帶武器，卓杞篤也把武器放在腿上，保持警戒狀態。充當翻譯的必麒麟，並不精通排灣族的語言，他們先以微笑表達基本的禮貌。

◎李先得（Le Gendre）是美國駐廈門領事，兼掌淡水、基隆、台南和高雄領事事務。

◎李先得將考察台灣的心得集結成書—《廈門與台灣》，後來又受聘成為日本外務省的顧問，日本在同治年間發動征台之役時，他提供了不少意見。

「大家不可放鬆警戒，也不許輕舉妄動。」卓杞篤下達指令。他冷靜地觀察，發覺洋人似乎沒有惡意。雖然言語不通，但是卓杞篤的領悟力很高，他明白洋人的意思，是希望在危急的時候，尋求原住民的幫助。

「嗯！如果只是這樣，我們自當協助。不過，你我溝通困難，爲了避免憾事再度發生，你們應該明顯地表明來意，我方才不會把你們當成是入侵者。」卓杞篤把武器移到地上，很明確地表示。

於是，雙方約定以紅旗當信號，表示船員需要原住民給予飲水、糧食等支援。卓杞篤爽快地答應了。大家心領神會，紛紛放下武器，不僅避免

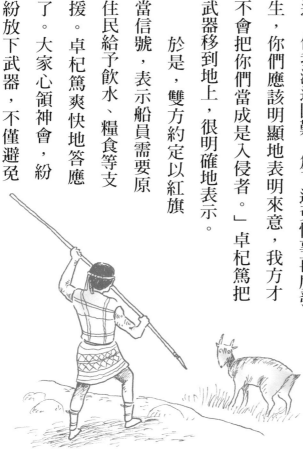

了一場殺戮，而且顯得和樂融融。在卓杞篤的領導下，原住民不再貿然行事，和洋人發生衝突的情況不再發生。李先得也多次攜帶西方物品，送給卓杞篤。

「哈哈！這次又是什麼稀罕的東西呀？」卓杞篤爽朗地大笑，並且舉杯邀李先得共飲。對原住民來說，開懷暢飲就是一種最親熱、友好的表示了。不過，聰明的卓杞篤並沒有被禮物哄得失了理智。李先得提出：「我方船隻既然常經過此地，不如建一座碉堡，當作永久的補給地，也省得你們麻煩。」

「不行！土地是我們所有，

一旦給你們建了碉堡，就會危及到我族人的安全，此事萬萬不可。」卓杞篤鎮定地回答。他說的沒錯，與人方便是應該的；但是捍衛家園、不出賣祖先所留的土地，更是他的職責呀！

卓杞篤雖然只是山林莽夫，但是思維清晰，行事守信重義，的確是個英明的頭目。他因爲膝下無子，收養了一個漢人的孩子，以繼承他的志業，可見他並沒有族群方面的歧視，其恢弘、寬廣的胸襟，正如曠野山林般的遼闊呀！

馬偕

充滿愛心的傳教士

一八六〇年，英法聯軍攻入北京，清廷被迫簽下「天津條約」和「北京條約」，開放打狗（高雄）、安平（台南）、雞籠（基隆）、滬尾（淡水）爲通商口岸。從此以後，西洋商人和傳教士大量進入台灣，對台灣社會造成重要的影響。原籍加拿大的傳教士馬偕，是其中最有貢獻的一位。

一八四四年，馬偕出生在加拿大安大略省。小時候，他曾聽人談起傳教士在中國傳教的故事，對他產生了很大的啓示。普林斯頓神學院畢業以後，馬偕向「海外宣道會」申請擔任海外傳教士，可惜未能如願。於是，他再入愛丁堡大學神學研究科深造，直到一八七一年，「加拿大長老會」決定派他到中國擔任海外傳教士一職。

馬偕乘船經美國、香港到達廣東汕頭。當時，美國長老會勸他留在汕頭，馬偕卻決意前往台灣，正如他在日記中所寫：「彷彿有條無形的線，牽引我來這美麗之島。」他先抵達打狗（高雄），向當地牧師學習台灣方言。

台灣過去曾有西洋宗教的傳入，但是當荷、西兩國勢力被驅逐以後，西洋宗教也隨著消失。十九世紀開港通商以後，英國長老會派出馬雅各來台宣教，在南台灣建立了良好的基礎，北台灣卻是一片空白，於是，馬偕決定北上傳教。

一八七二年，馬偕和牧師、醫生等人到達滬尾（淡水），這時正逢夕陽西下，淡水河上帆檣點點，遠山近樹，蒼翠欲滴。馬偕被這番景色感動了，他舉首望天，張開雙臂，虔誠地說道：「主哇，感謝您！指引我來到這美好的地方！我將奉獻我的一生，爲這片土地，也爲了您的榮耀！」

從此以後，馬偕就留在淡水。他先租了一間原爲軍營馬廄所用的房子，作爲布道起居的地方，然後開始調查環境。二十多天裡，他徒步走遍中壢、新竹等地，然後進行布道。

馬偕親切地和當地民眾接觸，並且從信徒中挑選人才，親自傳授教義和各種新知，這些弟子後來都成爲馬偕的得力助手，其中兩個年輕人後來還成爲他的女婿。馬偕跟一名陳姓女信徒的孫女張聰明結婚，先後育有二女一男。

馬偕只花了五個月的時間，就能以流利的台語講道。他用淺顯、

◎十六世紀歐洲發生宗教改革，法國人喀爾文創立喀爾文教派，其派別又分為長老會和清教徒。

◎十七世紀時荷蘭人以武力征服台灣，接著以行政操控和宗教傳播進行統治；西班牙人則在北台灣發展，一六二七年還特別通過台灣設立教區的專案，足見其傳教的積極。

◎荷蘭人在一六四二年將西班牙人逐離台灣，達成獨佔全台的目標，直到一六六二年才被鄭成功驅逐離台。

易懂的方式講解教義，把中國人敬天的觀念，比喻爲基督教的「上帝」，很快就引起民衆的共鳴。可是，在保守的中國社會宣傳洋教，不免遭遇許多困難，尤其是固有文化根深柢固的艋舺地區。

艋舺是北台灣最繁榮的商港，也是強烈排外的地方，外商一向無法深入。所以，當馬偕在那兒租屋傳教，不僅房屋被拆毀，甚至有人提刀衝上講臺，威脅馬偕的安全。「主啊！請賜給我力量，讓我繼續堅持理念。」馬偕眞誠地禱告，並透過英國領事向清廷交涉，終於成功設立教堂，逐漸取得民衆的好感。

馬偕來台的前十年，主要是以北部漢人爲傳教對象，先後設立二十所教堂。後來，他把傳教重心移到蘭陽平原的平埔族，設了禮拜堂二十三所，施洗信徒二千餘人，足跡還遠至龜山島等離島區域。

「牙疼眞是要人命！」「找馬偕就能治你病！」鄉親私下流傳著這種說法。因爲，馬偕的傳教方式是以「拔牙齒不要錢」爲號召，先爲患者拔牙治病、提供一些藥品，再開始講道，所以受到民衆的歡迎。於是，就在馬偕的醫療小屋，奠下了淡水基督教醫院的基礎。

後來，一個加拿大信徒捐贈了三千元，讓馬偕在教堂隔壁，蓋起台灣北部最早的基督

◎當時全台最富裕繁榮的地方是台南、鹿港和艋舺（萬華）。

◎龜山島位於宜蘭縣頭城海岸外的十公里處，大約在七千年以前因火山爆發而形成。

教醫院，並且以捐贈者的丈夫「馬偕船長」之名，稱此醫院爲「偕醫館」，這是馬偕醫療事業的開端。後來，長老教會爲了紀念馬偕傳教士，先後創建了「馬偕紀念醫院」和「馬偕護校」，都可說是延續了醫療傳教的精神。

當時還有一個困難，就是無法向婦女傳教。因爲社會風氣保守，約束了婦女的活動，一場盛大的布道大會往往只有婦女三四人參加。所以，馬偕創立「淡水女學堂」，完全不收費，還提供食宿，

鼓勵學生入學；馬偕又創辦「牛津學院」，對於啓迪民智、培育人才，有不可磨滅的貢獻。

一九〇一年，馬偕因喉癌在淡水去世。在台將近三十年，對台灣來說，他是一位有遠見的播種者，爲台灣的醫療、婦女教育和宗教教育，播下現代化的種子，嘉惠民衆無數，也使得人們永遠懷念他。日本文人南都氏遊歷淡水時，寫下「面海依山小市街，到處人猶說馬偕」的詩句，正是馬偕風範長存的最佳寫照。

◎馬偕於一九〇六年六月去世，葬於今淡水的「私立淡江中學」校內的後花園。

巴克禮

創辦神學院的熱心牧師

漂洋過海對巴克禮（Thomas Barclay）來說，已經不是第一回了，只不過，這次的路程特別遠，因為他從歐洲坐船來到亞洲的中國，眞可說是千里迢迢。

巴克禮是英國人，一八四九年出生於蘇格蘭一個基督教家庭，在父母給予的宗教薰陶下，巴克禮從小就認定將來要為教會服務，將一生奉獻給宗教。

巴克禮二十歲時，進入蘇格蘭的神學院就讀，畢業後先在德國遊學，之後認識了曾在中國傳教的杜加德（Carstairs Douglas）牧師。「感謝上帝的指引，讓我到中國宣教，那兒有太多人需要天主的庇祐。」杜加德的話引起巴克禮的好奇：「中國，我是否也該前去傳福音？」

一八七四年（清同治十三年），巴克禮到達廈門，經過半年的語言訓練，第二年夏天，他坐船來到高雄。「快來看哪！一個金髮怪樣的洋鬼子。」人們對著巴克禮指指點點，巴克禮微笑以對，他實在不明白，外國人有什麼好稀奇的！

當時的台灣民風淳樸保守，人們很少見過洋人，更不可能信奉洋教。中國在過去的幾十年裡，和洋人的交往是每戰必敗，大家一聽說洋人就先怕了，怎麼還敢接近洋人去聽他傳教呢！年輕的巴克禮首度嘗到挫敗，只好禱告尋求安慰：「求主賜予我力量，讓我將神的恩典播散在這片土地。」

傳教事業的不順，以及對台灣生活的不適應，讓巴克禮的身心備受煎熬，特別是傳染病的折磨，讓巴克禮吃足苦頭，但他並不氣餒，決定更用心地融入人民生活，和大家成爲一家人。

隨著時光流逝，台灣人接受了巴克禮，一些人也受洗成爲教徒；但是，巴克禮並未因此自滿，他自我期許著：「宣教的工作逐漸順利，我應該爲這裡奉獻更多，讓人們得到幸福。」巴克禮的妻子是位護士，她慈愛地對待台灣人，許多人得到較好的醫療照顧，巴克禮夫婦因而受到衆人的愛戴。

巴克禮除了傳教之外，更致力於教育工作。「台灣的文盲太多了！這不僅是個人的悲哀，還造成國家社會整體的落後。」於是，他創辦了「台南神學校」（今台南神學院），培訓傳道人員，也明確區分信仰和迷信的不同，提升台灣民衆對宗教的認知。

◎清同治年間和之前的戰敗之役包括：鴉片戰爭、兩次英法聯軍、帝俄的掠奪和日本侵台的「牡丹社事件」。

◎清廷統領台灣期間，官方學校有府、州、縣、廳的儒學，半官方的是書院，私人所設則是義學和書房，但因為不夠普遍，以致不識字的人數仍多。

聚珍堂

「平心而論，中國字實在太複雜，想要脫離文盲的悲哀，還眞不容易，更別說是閱讀密密麻麻的聖經了。」學過中文的巴克禮有感而發。

爲了讓更多人接觸福音，巴克禮用羅馬拼音的白話字取代漢文，大家很快地便能自行閱讀。到了一八八五年（清光緒十一年），《台灣府城教會報》出版，這是台灣歷史最悠久的刊物，而印刷廠的興建，還是巴克禮朋友出的錢，至於台灣人所陌生的印刷技術，則是巴克禮利用回家鄉休假時，親自到印刷廠去學習，再傳到台灣的，這座印刷廠被稱爲「聚珍堂」，又叫「新樓書房」。

當「馬關」割台成爲定局，日軍兵臨城下時，巴克禮面臨艱困的處境。「台南士紳要我出城去迎日軍，以避免殺戮；但是，也有人要我領導大家抗日，神啊！我該怎麼做？」巴克禮不斷禱告，心情逐漸清明。「我的責任是傳播福音，應當避免流血衝突，我知道自己該當如何！」於是，巴克禮和另兩位牧師，一路唱著聖詩，平靜地走向日本軍營，日軍答應儘量不傷百姓，平和地接收台南。

巴克禮的另一項磨難，是他遭逢喪妻之痛。他的妻子健康出了狀況，本來應該留在英國醫治，但她堅持返回台灣服務大衆，不幸在回台途中病逝，巴克禮悲痛不已。

時間過得很快，巴克禮來台都快五十年了。「天父聖靈和我親愛的妻子，請你們賜予我力量，讓我全力以赴。」巴克禮著手增補《廈門音漢英大辭典》，並且重譯台語舊約聖經，他花費好幾年的時間完成這項工作，自己覺得非常欣慰，但是，年近八十的他，體力的確是大不如前了！

巴克禮去世時享年八十七歲，他在台灣待了六十年，這兒不僅成爲他的第二故鄉，也因爲他和妻子所投注的愛心，灌溉了這片土地，並庇祐了他所親愛的台灣民衆。

◎相較於古典文言文的艱深，白話文則具備淺顯易懂的優點。

◎「台灣民主國」總統唐景崧棄職內渡之後，台北城陷入無政府狀態，潰兵和亂民趁機打家劫舍，紳商代表乃決議請日軍入城，以驅逐暴徒維持秩序；南部的抗日則是在劉永福棄守內渡之後，台南也陷入一片混亂，當地士紳便仿台北模式，在一八九五年十月二十一日請日軍入城。

黃玉階

推行斷髮放足的醫生

盛夏的烈日，彷彿火般地燒烤大地。農人暫停手邊的工作，坐在樹下納涼，等著家人送來飯菜。只見鄰家的清輝嬸，手裡提著兩個大食籃，頭戴斗笠，腳步蹣跚地向田裡走來。清輝伯餓得飢腸轆轆，但是看見妻子滿頭大汗地走過來，實在不忍苛責。因爲妻子那雙三寸金蓮的小腳，走起路來根本是快不了哇！

「爸爸，女人爲什麼要纏足呢？」黃玉階不解地問。

「這你就不懂了，纏足是中國傳統的審美觀，纏足的婦女體態輕盈，走起路來搖曳生姿。另外，纏足還是一種富貴的象徵，表示這是有錢

人家的女子，時時有僕人伺候，不像那些辛苦的勞動階層，大著一雙腳忙裡忙外的。纏足的婦女才是好命人哪！」

父親的一番話，讓黃玉階更迷糊，把好好的一雙腳捆綁得扭曲變形，這叫富貴嗎？造成行動上的不便，這叫福氣嗎？

一八五〇年（清道光三十年），黃玉階在彰化縣大肚堡（今台中縣梧棲鎮）出生。他的資質聰穎，領悟力很強，從小就喜歡觀察事理，再從書中找尋答案。後來，他發現自己對醫學很有興趣，就集中全力研習中醫。當他年過三十，已經學有專精，可以懸壺濟世了。這時候，他遷居到台北的大稻埕，開始行醫。

黃玉階是台灣第一個得到漢醫執照的人，他對待病人親切而謙和，總是不厭其煩地詢問病狀，再對症下藥，工作之餘，他繼續鑽研醫理和藥材，並寫了《療養新方》一卷，教導大家如何強健體魄，防病痛上身。當時台灣的環境衛生普遍不佳，傳染病的流行讓大家束手無策，許多人只好求助於一些迷信的方式，希望能消災祈福。黃玉階在《療養新方》中提出正確的觀念：清潔、衛生是保健的第一步；萬

◎據說纏足始創於南唐李後主時期，宮女窅娘以足尖舞博取君王青睞，使得纏足風氣逐漸流行到民間，又因為一般勞動婦女無法纏足，使得纏足成為富貴人家的專屬，也蔚為當時的審美觀；直到孫中山建立中華民國以後，才明令禁止纏足。

一不幸染病了，一定要正確地醫治，絕不可以用香灰、符咒等東西來治病保平安。

黃玉階急公好義，樂於助人，他時常奔走於窮鄉僻壤，免費爲人看診，甚至奮勇地前往霍亂、鼠疫等疫區行醫救人，鄉親對他敬佩又感動。所以，他所提出的衛生保健觀念，大家都願意奉行。

一八九五年（清光緒二十一年），清廷簽訂「馬關條約」把台灣割讓給日本。日本總督府統治台灣不久，立刻把「辮髮、纏足、吸食鴉片」列爲台灣的三大陋習，大力改善。

「如果不想讓日本人看輕台灣同胞，我們必須自立自強，去除這些落伍、腐敗的陋習。」黃玉階明確地表示。西元一九〇〇年（日明治三十三年），黃玉階和一群志同道合的朋友，在大稻埕成立了「台北天然足會」，展開「放足」的宣傳。當時的日本總督兒玉源太郎和民政長官後藤新平都親自出席，與會人士兩百多人，共推黃玉階爲會長。「放足」果眞蔚爲風氣，基隆、桃園、新竹、台中、澎湖等地，紛紛成立了「台北天然足會」的支部，不到三年，會員就增加到了兩千多人，大家都一致響應「放足」政策。

◎滿清入關統治後頒布「薙髮令」，從此辮髮就和纏足成為台灣根深柢固的風俗習慣，但日本人將其和吸食鴉片同視為台灣社會的三大陋習。

◎當時有部分守舊人士，把辮髮當作是民族認同的依據，因而抗拒斷髮，所以才有「斷髮不改裝」的呼籲，表示斷髮並不會影響民族的認同，反而是文明進步的象徵。

一九一〇年（日明治四十三年），孫中山領導的革命風潮席捲中國，清廷眼見大勢已去，只好順應趨勢，自行放棄滿清立國以來的傳統「辮髮」。這時候，台北的黃玉階也提出「斷髮不改裝」的想法。

「各位鄉親！我們被迫接受日本的統治，但服裝是中國的傳統，即使大家剪去髮辮，也不影響日常的穿著。剪了長辮子，既輕鬆又衛生，更是文明、進步的象徵，大家一定要了解斷髮的好處。」黃玉階大聲疾呼。

一九一一年（日明治四十四年），也就是滿清政權的最後一年，黃玉階在大稻埕的公學校（小學）操場上舉行斷髮大會，一起動手斷髮的竟有百人之多，場面很壯觀。

「哇！這下可清爽了！」剪了辮子的鄉親輕鬆地說。

「我說的沒錯吧！」黃玉階欣慰地回答。

從此以後，「斷髮不改裝」的組織在全台各地如雨後春筍般地成立，數以萬計的人毅然決然地斷髮，不勞日本人強迫，大家已經有了自覺，這都因爲黃玉階的倡導而開了風氣。

黃玉階終身未婚，把一生奉獻給鄉里，他在一九一八年（民國七年）去世，風範卻長留人們心中。

◎台灣總督府於一九一五年頒贈黃玉階獎章，敘勳六等，感謝他致力於公益事業付出的心力。

洪鴦

編織大甲蓆的巧手

炎炎夏日，在沒有冷氣的時候，睡在自然、清潔的「大甲蓆」上眞舒暢；蓆子又透出一股淡淡的青草香，更能催人入夢；這些優點，絕非其他材料能取代。大甲蓆的編織推廣者，就是洪鴦女士。

洪鴦出生時，正値衰弱的滿清末年，清朝內憂外患一連吃了幾場敗仗，根本沒有餘力治理遠在海外的台灣。洪鴦的家鄉在中部的通霄鎭白沙屯，家家戶戶以農爲生，日子很艱苦。生長在這樣的環境，即使洪鴦的資質不落人後，但她沒讀過一天書，更不認得一個字，跟著父母操作農事，只求溫飽。

「這孩子天生一雙巧手，你們瞧瞧，阿鴦繡的花多漂亮啊！」

「將來不知道誰有好福氣，能把阿鴦娶回家。」鄰家的大嬸經常稱讚洪鴦。

「我倒不想知道是誰有福氣娶阿鴦，我只盼著她有福氣將來能嫁個好人家，別再跟著我們受窮、吃苦。」洪鴦的母親感嘆地說。

◎通霄屬苗栗縣境內。

洪鴦自小就有一手刺繡的好功夫，但是在荒僻的鄉下地方，這項絕活並沒有為她帶來什麼福氣。經由媒妁之言，她嫁給了苑裡鎮的一位青年，依舊以農耕為生，夫妻倆生養了五個孩子，刻苦地維持著生活；不幸的是，洪鴦才三十七歲，丈夫就去世了。

「孩子還小，日子要怎麼過下去呢？」洪鴦哭紅了雙眼。她一個女人家，光靠著耕田所得，幾乎是難以溫飽，更何況丈夫生前沒遺留任何錢財，這一點點耕地還是向別人租的，繳了地租以後，簡直是所剩無幾了！

「哎！腰痠腿疼得好難受哇！」洪鴦在田裡幹著粗重的活兒，想到五個嗷嗷待哺的孩子，不禁悲從中來。

「不行，我不能倒下，天無絕人之路，我一定要堅強地活下去。」洪鴦想起小時候，曾跟著平埔族的婦女學習編織，這會兒突然有了靈感：「如果能用編織物品來貼補家用，這不失為一個好方法。」

既然有了想法，就必須立即行動。經過洪鴦仔細的觀察，她發現平埔族使用的藺草，確實是編織的好材料。

◎平埔族是居住在平原或丘陵地帶的原住民，因為與漢人的接觸多而開化程度較高。

藺草的質地柔軟、具韌性，洪鴦憑著一雙巧手和巧思，試著把藺草編成了草帽。「這比斗笠輕巧多了，戴起來特別舒服！」鄰居把草帽一拿上手，就開始讚不絕口。這給了洪鴦很大的鼓勵，她更用心從事草帽的製作。

草帽以外，洪鴦又研發草蓆的編製。由於草蓆的面積比較大，洪鴦必須屈膝彎腰地工作，其辛苦可想而知。

「媽媽，休息一下吧！」孩子體貼地說。

可是，洪鴦編織的草蓆廣受鄉里喜愛，不少人願意出高價向她訂購，洪鴦工作得更賣力了，這些收入果眞對家計很有幫助，辛苦也値得呀！

藺草用來編織以前，必須先曝曬、勒草、搥草……以增加它的韌度。洪鴦不敢疏漏每個步驟，甚至還研究更精密的過程，讓草帽、草蓆除了輕柔、耐用，還兼具美觀的效果。洪鴦把個人的天賦發揮在花紋的設計上，使得草帽、草蓆的實用價値，提升到藝術品的層次。

苑裡的辦務署署長淺野元齡，很欣賞洪鴦編織的成品：「這些手工藝品眞是獨具巧思，應該大量生產，既可發展婦女從事家庭副業，又可以銷售到日本，一定會廣受歡迎的。」

於是，洪鴦受命教導當地婦女一起從事編織的工作。「阿鴦，你應該多保留幾手，不要傾囊相授啦！你要知道，這可是你的獨門絕活呀！」朋友熱心地建議。

可是，洪鴦認為，正因為是自己研發出來的本事，才應該和眾人共享。婦女從事編織，既可改善家庭經濟，又讓台灣的手工藝品揚名海外，所以這些技巧絕對不能藏私。

因為洪鴦這種無私的精神，苑裡一帶的居民靠著編織、製造，果真賺進了大筆財富；草帽、草蓆的集散地「大甲」也因而聲名大噪。後來，這些成品反而以「大甲」為名，通稱為「大甲蓆」。

經由洪鴦的推廣，從事「大甲蓆」編織的婦女約有幾十萬人。她們的努力，不僅促進了經濟繁榮，也讓日本人對台灣婦女的本領刮目相看。洪鴦一直到年事已高還在各地奔走，把這項獨特的技藝傳授給公學校（小學）的年輕人。八十九歲那年，洪鴦過世了。

隨著時代變遷，如今就算有許多工業化產品問世，但論起輕柔舒適又環保的涼蓆，絕對非「大甲蓆」莫屬，而洪鴦的貢獻，也就更可貴了。

後藤新平

治理台灣的日籍民政長官

後藤新平佇立在船艦的甲板上，望著碧波萬頃的海面，明白距離家鄉日本是越來越遠了，因爲，他即將踏上一塊陌生的土地——台灣。

由於中國在甲午戰爭中戰敗，清廷被迫簽下「馬關條約」，割讓台灣，後藤隨著第二任台灣總督桂太郎來台，打算在台設立衛生院。

抵台不久，桂太郎去職，改換乃木希典上任。後藤尚未適應台灣的風土民情，又面臨上司的異動，鄉愁以外，心裡更增添了一分惶恐。

「台灣各地的抗日事件層出不窮，乃木希典用軍警憲兵強行鎮壓，仍然效果不彰，反而徒增雙方死傷，這種亂象不僅讓我國政府感到棘手，對台灣人民來說，也是一件悲慘的事情！」後藤有感而發。

不出後藤所料，日本撤換了乃木希典，改派兒玉源太郎爲第四任總督（一八九八年）。

兒玉源太郎和後藤在甲午戰爭中曾經共事，他深知後藤的見識和能力。所以，在往後的日子裡，兒玉源太郎雖然沒有固定待在台灣，但他充分信賴後藤，讓後藤以民政長官的身分，在台灣施展他的理念。

後藤新平出身醫界，生於一八七五年，自幼家貧卻努力求學。醫學校畢業以後，曾經擔任醫院院長、醫學校的校長。他的志向不只是行醫濟世，還希望能進入政壇，把他在醫藥病理方面的專長，發揮於改善全國衛生狀況、增進全民健康等方面。爲了增長見聞，後藤自費前往德國進修，兩年的留學生涯，果然讓他獲益良多。不過，他從沒有想到，自己竟會以衛生局長的身分，被日本政府派到台灣。

當時，台灣流行吸食鴉片的惡習，總督府下令嚴禁；但是，後藤從醫學的觀點提出建議：「鴉片對人體的毒害和吸引力非同小可，吸食者不可能說戒就戒，必須以漸進的方式來杜絕。另外，既然進口鴉片可以抽取稅收，就應該由政府專賣鴉片，再把所得稅款用在改善台灣的衛生設施，這才是當務之急。」

後藤新平了解台灣的民情以後，他發覺許多中國固有的文化仍然深植人心，總督府很難在短時間徹底改掉舊習，所以，後藤提出尊重

◎首任台灣總督是樺山資紀（一八九五年五月－一八九六年六月），第二任是桂太郎（一八九六年六月－十月），第三任是乃木希典（一八九六年十月－一八九八年二月），第四任是兒玉源太郎（一八九八年二月－一九〇六年四月）。

◎一八九八年設立「台灣土地調查局」，一九〇一年設立「台灣舊慣調查會」，一九〇五年實施台灣史上的第一次人口普查。

台灣舊習慣的說法，後來還成立了「台灣舊慣調查會」。後藤自任會長，並延聘東京許多知名學者參與調查工作，將研究結果做成報告，作爲總督府在台施政的參考。

不過，後藤代表的是日本政府，絕不可能放任台民的武裝抗日行動，他建議總督府確立警察制度，以撫剿兼施的策略平定抗日勢力，並且頒布「土匪招降策」，誘降各地的土匪。

「所謂土匪，就是抗日分子，這是我日本政府所不容的！」後滕在這方面的態度很堅決，並以鐵腕作風瓦解了武裝抗日。根據他自己撰寫的資料，在一八九八年以後的四年間，被捕殺的抗日分子多達一萬一千多人，日本殖民政府在台灣建立新的社會秩序，台民在無奈的抗爭中付出慘烈的犧牲。

鎮壓抗日以外，後藤新平在台展開經濟建設，首先是全台地籍的調查，劉銘傳時代所登錄的三十七萬甲耕田，清查後擴增到六十二萬甲，總督府所納收的土地稅因而大增，再輔以戶口普查的完成（一九○五年實施全台首次科學計算人口普查），更穩固了日本在台的殖民

i

◎一八九八年總督府公布「保甲制度」，以十戶為一甲、十甲為一保，實行連坐連保責任，並可成為警察行政的輔助機關，協助搜查土匪（抗日分子）。

◎保甲中十七到四十歲的男子另組「壯丁團」，也成為協助總督府鎮壓抗日的利器。一九○三年全台「壯丁團」有一千零五十八個，人數高達十三萬四千六百一十三人。

◎確實掌握全台耕地面積後，使得田賦收入大增，由一九○三年的九十二萬圓增為一九○五年的二百九十八萬圓，總督府的財政終於可以獨立自主，不再需要日本國內的貼補。

統治。

「從醫學觀點來看，血管是人體的基礎工事；從台灣的整體開發來看，鐵公路和港口的修築，就是經濟發展的基礎工事了！」在後藤的督導下，全台城鄉各地興築了許多公路。一九〇八年，基隆到高雄的縱貫鐵路終於完成（劉銘傳治台期間，只完成基隆到新竹的路段），開啓台灣交通的新紀元。基隆、高雄兩港也邁向近代化的整修，對遠洋航業來說，助益很可觀。後藤還致力於幣值的改革，並成立台灣銀行，又頒布「台灣度量衡條例」，使全台的度量衡和日本完全統一，以利經濟發展。

後藤因爲治台有功，在一九〇六年獲頒男爵的殊榮。隨著兒玉源太郎的去職，後藤也離開台灣；但他一直兼任台灣總督府的顧問。一九二〇年，他擔任東京市長，完成自幼嚮往政壇發展的理想。後藤新平在一九二九年去世，享年七十三歲。

丘逢甲

奮勇抗日的愛國志士

紛紛擾擾的內憂外患，讓中國的命運像是風雨中的一葉扁舟，內有太平天國的動亂，外有英、法、俄、日等強國壓境，戰爭似乎是一觸即發，而爆發之後卻又是不堪收拾，因為衰弱的中國，根本就不堪一擊，每次戰敗便是一連串割地、賠款的屈辱。祖籍廣東的丘逢甲，就在這種情勢中出生於台灣苗栗。

丘逢甲出生在一八六四年（清同治三年），清廷已經在鴉片戰爭和英法聯軍之役中慘敗。但在台灣，人們尚能過著太平的日子，因為英、法的目標並不在台灣，反倒是鄰近的日本對台灣覬覦已久。十年後爆發了「牡丹社事件」，日軍大肆屠殺恆春牡丹社的原住民，充分暴露出侵台的野心。

天資聰穎的丘逢甲，六歲能吟詩、八歲就寫出不錯的文章，在家鄉得到「神童」的美譽。丘逢甲十四歲時考中彰化縣學生員（秀才），二十五歲高中舉人，第二年又高中進士。依照清廷當時的規定，進士可以派官任職，但對丘逢甲而言，做官並不是他的人生目標，因為滿清官員的顢頇迂腐，讓丘逢甲對做官失去信心，他感慨地說：「朝廷裡由太后獨握大權，聖上是有志難伸；而我一個漢人，想要有所做爲，可眞是難上加難啊！」

丘逢甲回到台灣，在書院擔任教席，閒時博覽群書；幾年過後，他對中外局勢有了一番了解，他發現台灣雖然地處中國疆域的邊陲，卻是日本人眼裡的囊中物。果不其然，一八九四年（清光緒二十年）中日戰爭爆發，清廷海陸大軍節節敗退，丘逢甲立即對當時的台灣巡撫唐景崧提出建言：「如今局勢對我不利，中國一旦戰敗，勢必將接受日本所提的嚴苛條件，依我之見，日本極有可能索求台、澎，我們必須先做準備，以防患未然。」

唐景崧呈奏朝廷請求支援，但由於戰火正烈，清廷根本無暇顧及台灣。「當今之計，只好仿照當年曾國藩以自辦『團練』的方式，訓練軍民求得自保。」丘逢甲再提建議。他所指的「團練」，是數十年前發生「太平天國」內亂時，曾國藩在家鄉湖南籌組的地方軍隊，以確保鄉民生命財產的安全；後來，這支團練的戰果輝煌，反倒成了消滅太平天國的利器，而被稱之爲「湘軍」，曾國藩也因此受到

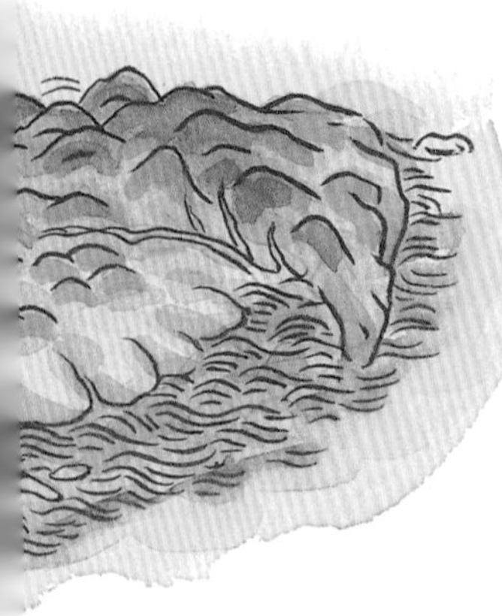

◎咸豐皇帝逝世後，其子穆宗同治繼位，生母慈禧太后開始掌權。同治死後，年僅四歲的載湉（德宗光緒）即帝位，又因德宗生母為慈禧胞妹，朝政大權更為慈禧所控。

念

朝廷的重用，成了極少數頗具份量的漢人大臣。

在丘逢甲的奔走籌措中，將台灣當地的壯丁編組了一百六十營，立即施以軍事訓練。可是，不幸的消息傳來，到了一八九五年（清光緒二十一年）年初，清軍屢戰屢敗，清廷已有屈服之意。「皇上會答應日本的要求而放棄台灣嗎？」「朝廷眞的不想保台灣嗎？」大家議論紛紛且驚惶失措。丘逢甲無語問蒼天，激動地熱淚盈眶，並刺破手指，用鮮血寫下「拒倭守土」四個字。

清廷終於不敵日本而戰敗求和，身為全權議和大臣的李鴻章，雖然努力交涉談判，而且還遇刺中槍，最後仍然被迫簽下「馬關條約」，將台灣、澎湖割給了日本。丘逢甲、劉永福等人決定號召台灣同胞自救而不屈服。

五月二十五日，年號「永清」的「台灣民主國」成立了，並以藍地黃虎旗為國旗，推舉唐景崧為總統，丘逢甲為義軍統領。

「台灣並不是宣告獨立，只是不做日本人統治的亡國奴，所以我們年號『永清』，表示台灣仍舊效忠清朝，並且終有一日會回歸祖國。同胞們，讓我們一起殺上戰場，趕走日寇！」丘逢甲大聲疾呼。

可是，隨著日本逐漸掌控局面，「台灣民主國」顯然失去功效，唐景崧僅只十天就逃回廈門，義軍群龍無首紛紛解散；丘逢甲得知日軍自澳底登陸後，以屠殺的方式鎮壓抗日民眾，便難抑悲憤地寫下：「宰相有權能割地，孤臣無力可回天，扁舟去作鴟夷子，回首江山意黯然。」便無奈地返回中國大陸。

回到廣東的丘逢甲對台灣念念不忘，他的住屋命名爲「念台」，兒子也改名叫「念台」，表示他對台灣同胞的關心掛念，但台灣接受日本的殖民統治已成定局，任誰也不能改變，丘逢甲只好寄情於研究學問，他創立「嶺東同文學堂」，教育地方子弟。

滿清的腐敗讓許多人不再寄予希望。一九〇五年（清光緒三十一年），孫中山所倡組的「中國革命同盟會」在日本成立，許多從同文學堂赴日深造的留學生紛紛加入，丘逢甲逐漸轉而支持革命，在家鄉極盡所能地掩護革命黨人安全。直到武昌起義（一九一一）成功，廣東光復，他出任廣東省教育司司長，並前往上海，和各省代表籌組中央政府，可惜次年中華民國臨時政府成立時，丘逢甲卻因病去世，年僅四十九。

◎曾國藩在家鄉湖南（簡稱湘）籌組的團練，因為成員都是湖南人而被稱之為「湘軍」。

◎李鴻章赴日談判時已是七十三歲的高齡，又被激進派的日本浪人所傷，引發國際關切。

◎「宰相有權能割地」中的宰相，是指赴日談判議和的李鴻章。

◎孫中山於甲午戰敗後首創革命組織「興中會」，時為一八九四年（清光緒二十年），一九〇五年（清光緒三十一年）則擴大編組為「同盟會」。

吳文秀

愛國的大稻程茶商

大稻埕茶文化中心自開幕以來，已經成為台北市的第一座茶葉主題公園。園內種植著大家熟悉的茶葉如烏龍茶、包種茶等，裡面還穿插著製作花茶的茉莉、桂花、黃梔，不時地散發清香。其實，早在十九世紀末，大稻埕已經是首屈一指的茶街……。

大稻埕在淡水河畔，因為舟船交通方便，一直是台灣北部的重要商港。西元一八六〇年，中國在英法聯軍之役戰敗，清廷與洋人簽約，在台灣開放了四個通商口岸，於是，外國人來到交通便利的大稻埕一帶設立洋行，展開貿易經商。一八七三年出生的吳文秀，就是大稻埕一個茶行老闆的孩子。由於世代經商，吳家累積了一些財富，吳文秀從小就被送到大陸去求學。

「孩子，雖然離家比較遠，但是唐山的文化教育比這裡完善，你要把握機會，好好讀書！」父親殷殷地告誡。

◎一七〇九年（清康熙四十八年）陳賴章取得墾照，開始開墾台北盆地，漢人逐漸增多，當時把很大的曬穀場叫做「大稻埕」。

◎台灣開港通商後，洋人在台設立洋行從事貿易，除基隆商務發展稍差，其他幾地的商業都非常興盛。

◎茶的主要產地集中在台北盆地周邊山坡和桃園、新竹台地等丘陵區，因此大多運集到台北盆地中央的大稻埕集中加工，再由淡水出口。

十七歲那年，吳文秀從廈門學海學院畢業，除了漢文基礎以外，他還跟隨教士學習英文，多年兢兢業業的努力，果然沒有辜負父親的期望。

「爹，這些年來，茶行的生意不錯；但是我覺得經營方式還可以更積極，我想到洋人開設的洋行去見識見識。」吳文秀和父親討論。因爲他在溝通上沒有問題，加上辦事能力不錯，進了洋行以後，頗得美籍老闆的重用，優渥的薪水，更讓一般人很羨慕！

吳文秀在洋行工作了幾年，突然有了辭職的想法。

「哦！爲什麼？老闆不是很欣賞你嗎？」父親不解地問。

「沒錯，老闆對我很好，但是我總不能永遠被他人所用。這些年來，我在洋行裡眞的學了不少，如果往後在自己的事業上求發展，學以致用，相信老闆也會爲我感到高興。」

於是，吳文秀自己開設了「良德茶行」，以新的經營理念推廣商機，並且用心研究茶葉品質的改良。幾年下來，茶行的業績蒸蒸日上，吳文秀本人也成了茶葉專家，說起大稻埕一帶的茶商鉅子，可就非他莫屬了！

這時候，滿清王朝接連吃了幾場敗仗，歐美列強不僅洞悉中國的衰弱，更威逼清廷簽下一條條不平等條約，造成民窮財盡的慘狀。吳文秀的祖先，是在清仁宗嘉慶年間遷居台灣的，所以他對清朝仍保有一分情懷，只不過，眼見清廷一步步走向衰亡，吳文秀只能徒嘆奈何！

甲午戰爭，清廷敗給了新興的日本。孫中山在檀香山創立了第一個革命組織——興中會，提出「驅除韃虜，恢復中華，創立合衆政府」的主張，並且招募了一百多人入會，共效革命救國的大業。

被視爲亂臣賊子的興中會，不僅黨員遭到清廷的嚴密搜捕，倉卒的起義行動，也因失敗而遭受重創。所以，孫中山打算在台灣成立「興中會台灣支會」，於是在一八九七年，派遣陳少白來台。

陳少白抵達台灣以後，先找到了興中會另一名會員——楊鶴齡的堂弟楊心如，接著，來到良德茶行。

「讓我來介紹一下，這位是我的老闆吳文秀。」透過楊心如的引荐，吳文秀認識了革命黨人陳少白，雙方一見如故，暢談救國理想和抱負。吳文秀這些年來深埋心中的思鄉情懷，如今終於遇到志同道合的同志，他覺得歡喜不已；於是，他積極參與興中會的事務，並推荐其他人一起入會，共爲推翻滿清、建立民國盡一分力量。

●清朝時期的攤販。

◎一九〇〇年惠州起義反清時，孫中山在台北新起町（今長沙街）設立革命指揮所。孫文來台數度下榻於日式旅館「梅屋敷」（北平西路和中山北路一段的交叉口），台灣光復後將此地改為「國父史蹟紀念館」，屋內陳設則保留一如孫中山下榻時的原樣。

一九〇〇年，孫中山來到台灣，在一個多月的停留期間，孫中山和吳文秀往來密切，除了討論救國、治國之道，孫中山在台灣人生地不熟，生活所需方面，也得到吳文秀相當多的協助，兩人可說是無話不談；吳文秀還慷慨解囊，大力資助孫先生的革命事業。因此，吳文秀可說是台灣興中會裡最重要的人物了。

爲了拓展茶葉的外銷市場，吳文秀曾經親自去巴黎，參加萬國博覽會，既可向外商推荐台灣茶葉的特色，又可順道考察歐美商務，學習洋人的製茶方式，讓台灣本土的茶葉經營能夠精益求精。吳文秀的努力和貢獻是大家有目共睹的，所以獲得台灣總督府授佩勳章的殊榮。

一九一一年，革命黨發動的武昌起義成功，中華民國於次年正式成立，吳文秀在台灣聽到這個消息很高興；可惜，這幾年來，他一連串的投資事業都不順利，使得他意興闌珊，健康也大受影響。

「唉！看來我只適合做茶葉的生意！」

吳文秀在一九二九年去世，年僅五十七歲。

◎一九一一年（清宣統三年）武昌起義成功，中華民國建立，但次年才是中華民國元年（一九一二）。

余清芳

南台灣的抗日義軍首領

烈日當空的盛夏，大批日本軍警在林野間搜索，可是卻一無所獲，日本人憤恨地罵道：「這麼熱的天氣，連個鬼影子都找不到，該死的余清芳！」

余清芳，是南台灣的抗日義軍首領，由於他率衆襲擊多處日警派出所，日本人將他視爲嚴重的叛亂分子，對他下達格殺令。

余清芳原籍福建，出生在台南。他進過私塾，漢文的基礎還不錯，但因爲家境困窘而輟學。到了一八九五年（清光緒二十一年）「馬關」割台時，他已經十七歲了，因爲不甘心被日本殖民統治，就加入地方義軍抗日，可惜義軍漸漸瓦解，余清芳抗日雖然未成，民族意識卻在他的心裡滋長。

爲了賺錢謀生，余清芳做過各種行業，但都不能長久；他念念不忘的目標仍舊是抗日，甚至當他出入寺廟，和信徒們閒談時，都不忘

◎第三任日本駐台總督乃木希典為了鎮壓各地的武裝抗日，在一八九七年實施「三段警備制」，警察負責警備治安平靜的地帶，輔以軍、憲維繫不穩和危險地區的秩序，直到次年第四任總督兒玉源太郎時才加以廢除。

記宣揚抗日理念：「日本人霸佔台灣，這是因爲國家戰敗，大家不得不低頭；可是，日本人連廟宇也佔著不還，還說我們的信仰是迷信無知。舉頭三尺有神明，這些日本鬼子一定會遭報應的啦！」

「沒錯，辦個迎神廟會爲的是祈求神明保佑，結果竟遭到警察禁止，還說我們是那個，什麼……」鄉下人搔搔頭，想不起來該怎麼說。

「是『糾衆集會、妨礙治安』，對嗎？」余清芳適時地接口。

「對啦！那個凶巴巴的大人（警察）就是這麼說的。」「他還說廟裡的符咒什麼的都有罪，眞是不怕神明懲罰喔！」

鄉民的句句抱怨都是事實，因爲日本人依據「台灣違警論」，嚴格取締寺廟給予信符咒、神水等行爲，這對虔誠樸實的台灣人來說，眞是一種莫大的侮辱。

日本人不尊重台灣的地方信仰，再加上高壓的統治方式，自然引發民怨，而余清芳四處散播反日言論，也引起日警的注意。他三十歲時被抓去台東管訓，關了兩年多，出來以後認識了台南「西來庵」裡許多有志之士，此後，他就以「西來庵」做爲據點，推動抗日的計畫。

有了志同道合的夥伴，余清芳的行動更積極了，雖然在日警的嚴密搜捕下，余清芳不

得不躲到山區，但他照樣發號施令，指揮同伴進攻日警派出所。

一九一五年（民國四年）八月，余清芳率衆攻擊台南噍吧哖支廳的南庄派出所（位於今台南縣玉井鄉）。「同胞們，衝啊！殺光日警，還我自由。」隨著余清芳的吆喝，群衆把心裡的憤恨化爲力量，手持棍棒鐮刀衝上前去。

在鄉民的猛攻下，雖然造成日本人嚴重的傷亡，不過，限於武器的不足，根本不是日本正規軍隊的對手，最後遭到殘酷的屠殺，余清芳也逃到山裡暫時躲藏。

「一群烏合之衆也敢進攻派出所，台灣人是不想活了？」日本人氣得咬牙切齒，決定大開殺戒以示警惕，他們先定下招降計畫，誘使台灣人自首投案。

「日本人說，只要自首就無罪。我們去接受日本人的招降吧！大家總不能永遠躲下去啊！」潰散的義軍人心惶惶，大家討論著下一步該怎麼走。

台灣人萬萬沒想到，安撫招降的宣傳根本就是個詭計，當大家出面向日本投降時，竟遭到日軍無情的屠殺，鄉民橫屍遍野，被殺的人數難以估計，據估算有數千人之多，史稱「噍吧哖慘案」。

余清芳聽聞慘案的發生，心中悲痛極了，在日本人地毯式的搜捕下，余清芳於八月底被捕，立即被判死刑。

日本警方打算嚴厲地處理這次事件，以收警惕之效，便依照「匪徒刑罰令」執行判決，結果一八八七名被告中有八百六十六人被判處死刑，其他多半是無期徒刑，後來即使經過大赦，仍有一百多人被處死，可說是一次大規模的屠殺，史稱「西來庵事件」。

余清芳死時年僅三十七。這次犧牲慘重的抗日事件，一方面顯現出日軍報復性鎮壓的殘酷，一方面也是民怨沸騰的一種表現。此後，台灣人民改變方式，不再採取武裝抗日的手段，避免徒增雙方的傷亡，改而採取集會、演講、請願、抗議的合法抗爭，要求總督府改善對台灣不合理的統治。不論哪一種抗日方式，民族情操都足以驚天地、泣鬼神。

◎兒玉源太郎以鎮撫兼施的方式鎮壓抗日，一方面擴充警力，頒布「匪徒刑罰令」，對抗日分子進行討伐和屠殺；一面制定「土匪招降策」，誘降安撫抗日分子，於是台民私有武器盡遭沒收，各地游擊抗日的勢力陸續瓦解。

◎台灣總督府以敉平叛亂的方式處理「西來庵事件」，報紙連日大肆渲染報導，以收殺雞儆猴之效，但被殺的無辜民眾高達數千人，也引起日本國內輿論的抨擊，連國會都有所批評，台灣總督只得頒布大赦令，被判徒刑者多能獲得減刑。

林朝棟

義勇的目仔少爺

「喝！看刀！」前廳廣場傳來聲聲吆喝，「一定是大少爺又在練武了！」家丁口中所稱的大少爺，就是林朝棟。

林朝棟是林文察的長子，林文察在剿滅太平天國的戰役中陣亡，由弟弟林文明接掌家業。林家原籍福建漳州，祖先從乾隆年間遷台以來，已經過了一百多年，如今成爲中部霧峰一帶的世家大族，可說是無人不知、無人不曉。

家大業大的榮耀裡，難免招致他人的不滿，同是大家族的草屯洪家，就跟林家是死對頭。這一年，洪家勾結彰化知縣，用計謀誘殺了林文明。

「老夫人，不好了！老爺在衙門裡遇害……」家僕跑得上氣不接下氣。林家上下聽聞噩耗，氣得立刻抓起傢伙，準備衝進府衙去拚命。「且慢，如果我們採取行動，剛好中了對方的計，他們就是希望咱們造反，我們絕不能上當。」老夫人及時制止一切，決定以法律行動討回公道。

◎林文察因為平定太平天國有功，死後被追封太子少保，是清朝官位僅次於王得祿的台灣人。

經過繁複的訴訟過程，這場官司是打贏了，洪家主謀和官府都受到懲處，林家算是出了一口氣。

林朝棟目睹一切，心裡有深刻的體會。「求人不如求己！男兒當自強，練武乃自立自強之道。」林朝棟非常認眞地練武，在一次偶發事件中，林朝棟弄傷了一隻眼，從此以後，大家就稱他爲「目仔少爺」。

熱中練武的林朝棟並不是個毫無見識的粗人，他的思慮周嚴，心思細密。雖說林家在地方上的勢力無人能及，但如果不能爲鄉親多謀福利，往後恐怕只會招致怨懟。

「此次福建巡撫岑毓英來台巡視，咱們宅子裡人手多，立刻派幾百名長工給岑大人使喚，看看能否協助建設之類的瑣事。」林朝棟徵調了三百名壯丁，而且不支領任何費用，岑毓英對霧峰林家不得不另眼看待。

一八八四年（清光緒十年）中法越南戰爭爆發，當時的福建巡撫劉銘傳負責來台督辦軍務，經由岑毓英的推薦，林朝棟成了劉銘傳的

◎霧峰在台中縣。

◎一八八一年（清光緒七年）時，福建巡撫岑毓英來台巡視四個半月，建議朝廷以船隻定期行駛於台灣和大陸之間，此為官營汽船之始。中法越南戰爭期間法軍封鎖台灣，台灣對外海運中斷，直到戰爭結束後劉銘傳任巡撫，才又恢復海運。

◎一八八四年（清光緒十年），法國軍艦以購煤為由闖入基隆港，清廷急派劉銘傳來台督辦軍務，劉氏認為基隆有煤，而淡水是進入台北城的樞紐，便將此二海口作為防衛重點。

得力助手。

獅球嶺一役給予法軍迎頭痛擊，這是林朝棟堅守兩個月，用血汗換得的結果。不肯死心的法軍，另覓他處登陸台灣，造成基隆失守，台北也岌岌可危。「當今之計，是我即刻趕往霧峰，緊急調派兵援，才能應付火力強大的法軍。」林朝棟把計畫告知劉銘傳，後來，果然靠著林朝棟從家鄉調來數千名兵勇，在五堵一帶重創法軍，台灣的局勢才轉危爲安。

積弱不振的清廷，終究是向法國屈服了，雙方訂立條約而結束戰爭，從此越南爲法國所屬；關於論功行賞的部分，由於朝廷裡派系鬥爭激烈，遠在台灣的林朝棟，所有戰功都被埋沒了。「也罷！我所做的是爲了鄰里鄉親，其他一律不敢奢求。」林朝棟只能這麼安慰自己。不過，在一般百姓的眼裡，林朝棟可是威名遠播的大英雄呢！

中法戰爭讓清廷意識到台灣的重要，於是將台灣單獨建省，不再隸屬於福建省，首任巡撫就是劉銘傳。

劉銘傳有心在台灣經營出一番成績，他任命林朝棟爲開墾局局

◎中法戰爭延至一八八五年（清光緒十一年），在基隆地區的戰事導致雙方死傷慘重，法軍便轉佔澎湖，但因不久後法國和清廷達成協議，法軍乃從基隆、澎湖撤兵，民間將此一戰役稱為「西仔反」，西就是指法蘭西。

◎獅球嶺形勢居高臨下，有「獅嶺匝雲」之稱，是中法戰爭中和法軍的激戰之所。日後劉銘傳修築鐵路時，又以穿越獅球嶺隧道的工程最為險峻，全長五百七十三公尺，劉銘傳於完工後留下「曠宇天開」四個字。

長，負責荒地的開發。「一般平地早已開發，若要更求發展，只得進入山區與原住民爭地，大家必須謹慎行事，以免橫生枝節。」林朝棟仔細地交代著。他用心解決原住民的困難，再與他們溝通協議，最後達到開墾的目的，今天苗栗的卓蘭、大湖一帶，有不少耕地就是林朝棟所開發的。劉銘傳認爲林朝棟辦事積極，特別允許他獨享全台的樟腦專賣權，如此一來，林家的財富急速增加，林朝棟名利雙收。

榮華富貴並沒有腐蝕林朝棟的思維，當彰化發生民變時，劉銘傳急召林朝棟前去處理。林朝棟一邊整軍出發，一邊思索著：這官逼民反的道理誰人不懂？但如今我卻以朝廷大臣的身分，去鎮壓家鄉的父老兄弟，我該當如何，才能平息動亂又不傷人性命？

林朝棟懇切地告知劉銘傳，因爲地方官員欺壓百姓，所以釀成民變。「事平之後，還望大人體念天下蒼生，不要嚴懲百姓，造成更多不幸。」劉銘傳明白林朝棟這一番苦心，事後眞的沒有追究太多；同時，林朝棟也勸慰鬧事的百姓迅速解散，以免徒增傷亡。

林朝棟面面俱到地處理亂事，讓朝廷十分欣慰，他個人得到皇帝賞賜的黃馬褂，足以光宗耀祖。不過，更艱鉅的挑戰迎面而來，那就是在中日甲午戰爭之後，因爲清廷戰敗，而

i

◎製造樟腦的樟木多生在山區，以台灣中、北部為主，樟腦製成後多由淡水出口。

在一八九五年（清光緒二十一年）將台灣割給日本。

「台灣人民死不從倭！」、「大家團結抗日！」在人民熱血沸騰的呼號下，「台灣民主國」成立了，各地也組織義勇軍，堅拒日本的統治。

重登獅球嶺戰場，林朝棟百感交集，想當初在此痛擊法軍，那是多麼意氣風發！但如今台灣已為日本所屬，前來接收的日軍不僅人數眾多，裝備更是優良，戰鬥力遠非義勇軍能及；更令人憤慨的是，「台灣民主國」形同潰散，大小官員逃之夭夭。「這叫我為誰而戰？即使再戰，不過是白白犧牲，於事無補啊！」林朝棟揮淚離台，未再返回家鄉，病逝時年僅五十四歲。

連橫

執筆保鄉衛國的志士

「夫台灣固海上之荒島爾，篳路藍縷，以啓山林，至於今是賴……。」這是連橫在《台灣通史》裡對先民開發台灣時的描述。這本書記載了千百年間台灣的發展經過，內容始自六〇五年（隋大業元年），終於一八九五年（清光緒二十一年），不僅史料豐富，而且體例完整，以〈開闢紀〉、〈建國紀〉、〈經營紀〉、〈過渡紀〉不同的單元，敘述漢人來台經營、鄭成功建立政權、清朝將台灣建省，以及割台後的抗日事蹟等等，再加上志二十四、傳六十。「婆娑之洋，美麗之島，我先王先民之景命，實式憑之！」《台灣通史》可說是研究台灣史最詳盡的資料了。

連橫除了完成《台灣通史》這部鉅著，還考據台灣各地的語文、風土民情，又編寫出《台灣語典》、《台灣漫錄》、《台灣詩乘》、《台灣古蹟誌》等書。

連橫的祖籍是福建龍溪，先人遷移台灣，連家歷代都是飽學之士，可說是書香世家，

i

◎隋朝僅三十八年，經歷文帝楊堅和其子煬帝楊廣兩代，大業年間是指隋煬帝在位時。

◎明成祖朱棣是太祖朱元璋的第四子，太祖死後其孫惠帝繼位，朱棣發動政變奪得君位，惠帝失蹤。

台灣通史

連橫也承襲了好學的家風，加上他的資質聰慧，自幼就顯現出非凡的氣質。

連橫，號雅堂，又號劍花，出生於一八七八年（清光緒四年），由於家住台南，府城是台灣文風最盛的地方，連橫濡沐在濃厚的人文氣息中，對未來充滿期許，他的父親也時常教導他閱讀古籍，培養他在經史上的造詣，並且一再提醒：「你是台灣人，就應該知道台灣的歷史。」

一八九五年（清光緒二十一年），因為清廷在甲午戰爭中戰敗，被迫將台灣割給日本，台灣成了日本的殖民地，連橫也從中國人變成了亡國奴，百感交集中，連橫寫下不少詩篇，抒發心裡的傷痛。「台灣對日本的抗爭既然無望，不如回到祖國去看看吧！」連橫到了上海，卻因父親過世，又奉母命返台，於是，他在報社擔任中文主筆，一方面磨練自己的文筆，一方面也藉機抒發民族意識。因為在日本的統治下，總督府大力推展日文教育，「公學校」（似今之小學）裡教學童日語，「國語（日語）講習所」指導成年人日語，日本人希望同化台灣人，讓大家忘了祖國而只知向天皇效忠。「唉，這種愚民政策實在是太可惡了！」連橫和一群志同道合的夥伴們談論著。

◎台灣總督府於一八九八年開始設立「公學校」，其中日語課程佔每週授課時數的十分之七，貫徹以推廣日語為同化政策的手段。

◎為確立普及日語教育，社會上則設立「日語講習所」，教導失學民眾日語，到一九四四年止，通日語的人已佔全台人數的百分之七十一。

連橫痛心的還不只於此，由於清廷的腐敗衰弱，中國慘遭列強侵略，簽下一條條不平等條約，連橫的家鄉台灣，就是戰敗下的犧牲品。此時日本剛剛佔領台灣，面對一波波抗日行動，總督府決定採取報復性的鎮壓，迫使台灣人屈服，濫殺無辜的慘況時有所聞，連橫難過不已，只能仰天長嘆：「日本人蠻橫凶殘，父老鄉親受其凌虐，我們要忍到何時呢？」

連橫終於因爲憂心國事而病倒，這一年，孫中山所領導的革命成功，滿清皇帝宣布退位，中華民國正式成立，對於新時代的來臨，連橫有著無限欣喜：「我們是亞洲第一個民主共和國，中華民國將開啓歷史上嶄新的一頁，我要再到上海去看看。」

多年的鬱悶難伸，連橫在上海終於有了紓解的機會，他遇到許多文人雅士，大家一起談論時政、提筆寫作，把對國家民族的熱愛，放縱在字裡行間，連橫覺得愉快極了。之後他又遊歷了大江南北，並且進入「清史館」工作。就在「清史館」裡，連橫接觸到大批的台灣史料，對於日後在《台灣通史》的書寫上，有著重要的影響。

連橫在一九一四年（民國三年）返台，開始專心寫作，《台灣通史》、《台灣語典》、《台灣漫錄》、《台灣詩乘》、《台灣古蹟誌》等書陸續完成。他雖然不是拋頭顱、灑熱血的抗日義軍，但他以寫作對抗日本，以文章喚醒民族情操，正如他在《台灣通史》的序文所說：「國可滅而史不可滅，然則台灣無史，豈非台人之痛歟？」

日本將台灣佔爲殖民地之外，更意圖染指全中國。一九三一年（民國二十年）日軍出兵東北，次年進攻上海，中日戰爭似乎是一觸即發，連橫對局勢十分憂心，他一再交代家人：「日本野心勃勃，必會發動侵華戰爭，而台灣的光復，就決定在此一役。」

連橫於一九三六年（民國二十五年）在上海病逝，第二年果然爆發了中日戰爭。經過長達八年的苦戰，日本戰敗投降，結束在台半世紀的殖民統治。連橫生前未能見證此一歷史事件，但他死後歸葬台灣，而他的所有著作，是後人研究台灣史時最重要的文獻。

◎日本於一九三一年（民國二十年）出兵瀋陽，進佔東北，是為「九一八事變」，次年進攻上海，是為「一二八事變」；到了二十六年爆發了「七七事變」，終於掀起全面的中日戰爭。

莫那魯道

霧社的抗日英雄

「嘿——喲！」一聲清亮的呼嘯，穿過群山遍野，這兒是台灣中部南投山區，也是泰雅族人居住的地方，他們守著祖先留下的好山好水，過著與世無爭的日子。

泰雅族馬赫坡社的頭目莫那魯道，是霧社地區頗具影響力的人物。他自小就展露過人的毅力和驍勇善戰的本事，再加上強健的體魄，莫那魯道的確具有領袖的風采。他領導著族人墾荒闢地，捕獵野獸，對這些生性淳樸的原住民來說，衣食無虞的生活已經讓他們很滿足了！

可惜好景不長，一八九五年（清光緒二十一年）因爲中日甲午戰爭失敗，清廷將台灣割給日本，台灣從此進入日本的殖民統治時期。這時候，台灣人民採取激烈的抗爭方式，堅拒日本接收，日本軍警乃以更殘酷的手段，鎮壓各地的抗日。

「原住民生性野蠻，在山林間神出鬼沒、集結成社，對他們必須嚴密監控，以免生番暴動滋事。」日本警察這麼認爲。泰雅族人從此過著受人操控的日子，壓迫、屈辱接踵而至。「我們究竟要忍到何時？」族人仰望雲間，卻是無語問蒼天。

身爲首領的莫那魯道心中忿忿不平，日本人爲了籠絡他，特別安排一次日本之旅，讓一些原住民的頭目赴日參觀，舒緩一下情緒。「這批生番頭腦簡單，招待他們出去玩一趟，回來後就會乖乖聽話了。」日本人心裡盤算著。

結果竟大出日本人所料，因爲莫那魯道在日本看到的，是完全不同於台灣的景象，日本政府有憲法、日本官員彬彬有禮、日本警察兢兢業業……。「唉！台灣同胞眞是太可憐了！總督府用『六三法』控制一切，社會上處處顯露出不公；再看看日本官員那副嘴臉，簡直比惡霸還凶狠；日本警察更是可惡，他們逼迫人民替他們出力做苦工，可曾把台灣老百姓當人看？」莫那魯道一想起警察對原住民拳打腳踢的景象，不禁氣得捶胸頓足。

日本人爲了統治台灣、控制原住民，實施了「舊婦妻帶獎勵」，作爲蒐集部落情報和控制部落的手段，在這種情況下，莫那魯道的妹妹被安排嫁給一名日本警察。

可是，當這個警察因爲意外身亡時，日本人卻冷峻地表示：「你

◎一八九六年開始實施的「六三法」（法律第六十三號的簡稱），賦予台灣總督以律令立法的權利，得以在台灣實行殖民統治，使總督集行政、司法、立法及軍事大權於一身，而可進行專制統治。

◎一八九五年總督府成立時，警察共計三千二百九十六人，一八九八年增至五千六百七十五人，如此雄厚的警力，鎮壓抗日更是如虎添翼。

◎為使台灣人具有日本國民的愛國心和犧牲精神，總督府在台推行「皇民化運動」，致力將台灣人民同化成天皇的國民。

們別想要什麼賠償！」

「我妹妹也算是遺族，她的丈夫因公殉職，你們難道不該照顧她嗎？」莫那魯道問道。

「哈哈！先認清楚自己的身分吧，生番是不能跟日本人相比的。」日本人冷言冷語地嘲笑。

莫那魯道氣極了，「日本人不僅蠻橫，而且無情！」沒過多久，莫那魯道妹妹的兩個女兒相繼病死，做母親的哭得死去活來，莫那魯道這個當舅舅的，更是因爲妹妹的不幸而對日本人恨之入骨。

每當旭日東昇，望著如詩如畫的景色，莫那魯道不禁感慨萬千：「這麼美好的地方，讓日本鬼子糟蹋；善良純樸的族人，讓日本鬼子蹂躪，祖先的聖靈啊！請指引我該怎麼做。」

一九三〇年（民國十九年）年初，莫那魯道的兒子和一個日本人發生糾紛，莫那魯道爲了息事寧人，多次前去道歉，可是日本人並不領情，莫那魯道強裝出笑臉，一再地賠不是，卻遭到日本人的喝斥：「快滾！不要臉的臭番人。」

莫那魯道忍無可忍，決定進行一次突襲計畫。同年的十月，莫那魯道率領六個部落的三百多名壯丁，攻擊參加霧社公學校聯合運動會的日本人，以及鄰近的派出所及行政機關，一共殺死了一百多個日本人，這就是著名的「霧社事件」。

事件發生以後，日本人氣急敗壞，總督府嚴厲地表明態度：「這些該死的生番，不給他們點顏色看看是不行的！」於是，日本人派出軍警兩千多人，進入山區搜捕嫌犯，甚至出動飛機，用炸彈和毒氣屠殺原住民。

英勇的原住民抗爭了一個多月，仍然不敵日方強大的火力，而犧牲了將近一千人。莫那魯道眼見同胞一個個倒下，便要求全家自盡，以免受辱；至於自己，則是平靜地走到山林深處，用長槍結束生命，那一年，他只有四十八歲。

日本人並未因此甘心，到了第二年，日本人發動親日派的原住民突襲霧社，又造成重大傷亡，被稱爲「第二次霧社事件」。

原住民遭到濫殺的悲慘遭遇，讓總督府備受輿論抨擊，自以爲「理番」成功的日本人顏面無光，不得不重新檢討原住民政策，相關官員還因此而引咎辭職。但對霧社原住民來說，一切已經於事無補，莫那魯道的屍體被尋獲後，送到台北帝國大學（今台灣大學）供學術研究，直到一九七四年（民國六十三年），才被遷回霧社安葬，並豎立「霧社抗日事件紀念碑」，讓英靈得以長眠在自己的故鄉。

i

◎因霧社事件而辭職的有台灣總督石塚英藏、總務長官、警務局長和台中州知事等人。

林獻堂

努力喚醒民族意識的士紳

鶯飛草長的暮春時節，台灣中部的風景如畫，霧峰林家是當地的世家大族，整齊的房舍坐落在綠油油的田野間，恬靜中流露出一份莊嚴。一八八一年（清光緒七年），林獻堂在這裡出生，受到家人的重視和呵護，更由於父親林文欽曾經高中舉人，堪稱是德高望重的知識分子，因此特別重視孩子的教育，自幼培養他對國家民族的摯愛情操。林獻堂在優渥的環境中成長，他才情卓越又努力向學，讓家人深深引以爲榮。

可惜好景不長，滿清政府日益腐敗，中法越南戰爭、中英緬甸戰爭接連戰敗，鄰近的日本洞悉中國的積弱，便在一八九四年（清光緒二十年）發動侵略戰爭，這就是「甲午戰爭」。

「日本人覬覦台灣已久，這場戰爭看來是凶多吉少，大家應該避一避。」

「目前戰火正烈，我們家大業大，走避著實不易啊！」正當家人陷入躊躇不決的討論時，不幸的消息傳來，清廷海陸大軍雙雙慘敗！

「不好了！日本提出割地賠款的要求，他們所要的，竟然是台灣！」「朝廷難道不想

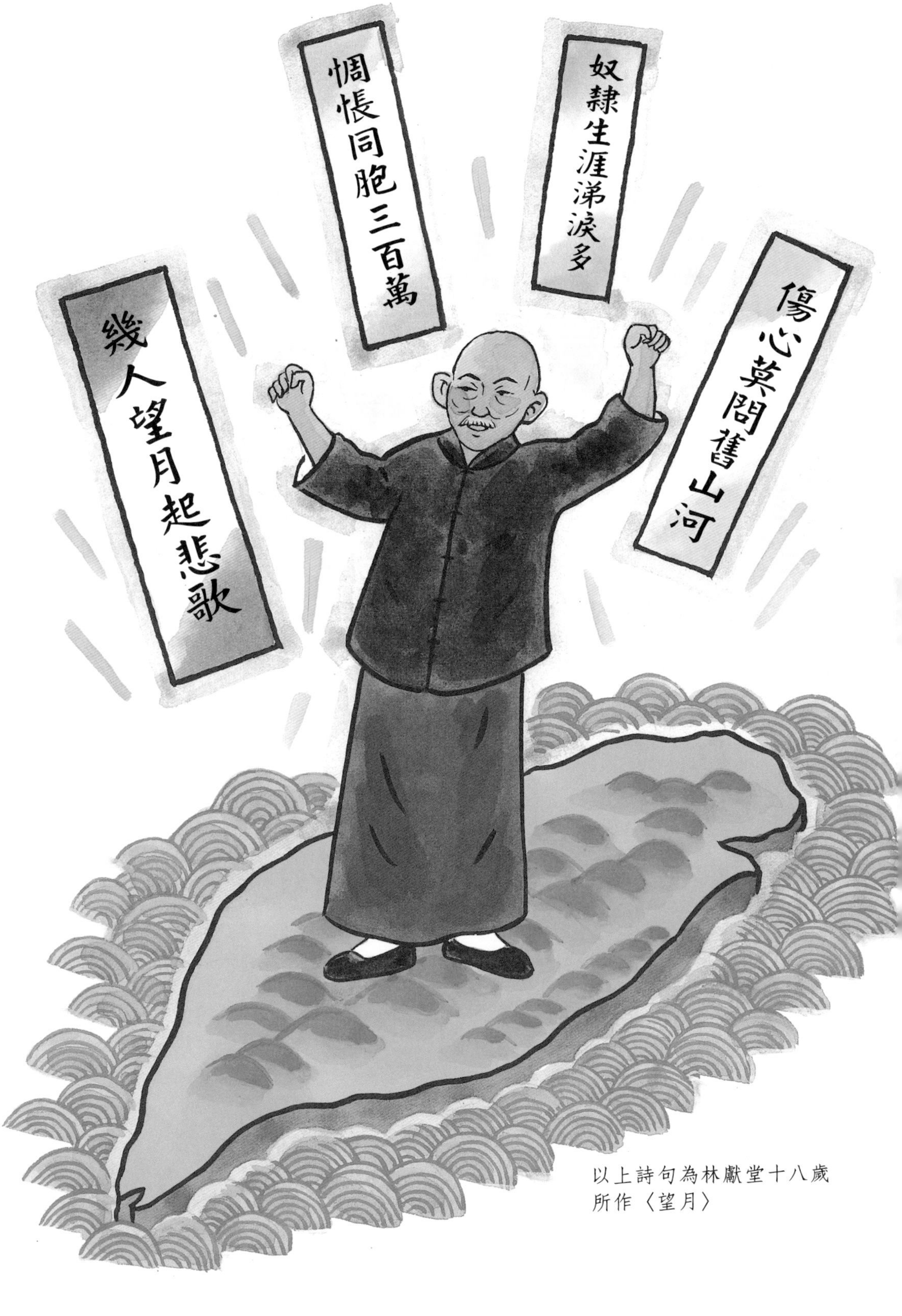
幾人望月起悲歌
惆悵同胞三百萬
奴隸生涯涕淚多
傷心莫問舊山河

以上詩句為林獻堂十八歲所作〈望月〉

保台灣了嗎？」「不是不想，是根本保不了，據說日本人態度囂張狂妄，中國戰敗認輸，哪裡有立場去跟日本抗爭呢？」「完了！台灣一旦割讓，大家豈不成了亡國奴，得受日本的奴役？」全台人民議論紛紛、人心惶惶，陷入前所未有的恐慌。這時候，林獻堂的老祖母以族長的身分下令：「我們即刻啓程，內渡到中國大陸，絕不接受日本的統治。」

自小生活順遂的林獻堂，首次嘗到顛沛流離之苦，全家四十多口渡海到了福建泉州，想要得到完善的生活所需實在不容易，就在一片愁雲慘霧中，一個個不幸的消息傳來，日軍登陸台灣、抗日民眾慘遭屠殺、日本大肆鎮壓抗日行動……。

「割台已成定局，咱們這一大家子人，總不能永遠逃避下去。」於是，林家又返回霧峰，林獻堂對祖國不能忘情，但必須自我調適，學習面對複雜的政治環境。

日本人佔領台灣後不久，改採軟硬皆備、鎮撫兼施的策略，迫使台民放棄抗日而服從日本的統治。對於中部的望族林家，日本人更是蓄意拉攏，希望林家能發揮帶領的功能，讓一般民眾成為天皇統治下的「順民」。

「唉！事到如今，我也不得不虛與委蛇了！」林獻堂內心掙扎著。他清楚地辨明情勢，如果一味的頑強抵抗，只會給家族和地方帶來更多傷害，所以，他出任霧峰區長、台灣製麻株式會社董事，並在商務來往中，數次旅遊日本。

林獻堂二十六歲那年，在日本遇到文學家梁啓超，兩人一見如故，暢談起國家民族的處境，更有相見恨晚之憾。「甲午戰敗讓當今聖上痛心疾首，急思變法圖強，以救中國，不幸大權被慈禧太后所

i

◎「戊戌變法」失敗，康有為和梁啓超得英、日之助而逃往國外，躲過被捕殺的命運，但從此必須流亡國外，直到民國建立、滿清覆亡後才能返國。梁啓超來台時便住在霧峰林家。

◎清末第一次的改革是「自強運動」，歷經咸豐、同治、光緒三朝的努力，卻在甲午戰爭的失敗中證明改革無效，光緒帝於是再次推動變法維新，該年是戊戌年，便稱為「戊戌變法」；最後在慈禧太后等守舊勢力的反對下，光緒帝遭到囚禁，新政被迫取消，短暫的變法改革又被稱為「百日維新」。

控，不僅變法不成，聖上甚至遭到監禁，直至今日而未得自由。」談到戊戌變法的失敗，身爲變法領導人的梁啓超不由得一陣悵然。「儘管變法失敗，但中國尚能自主，總強過台灣淪爲異族統治啊！」林獻堂更是不勝唏噓。

「武裝抗日的犧牲太過慘重，一般百姓根本不是日本正規軍的對手，台灣想要自治，不妨改採取和平的方式，合法地爭取民權。」梁啓超分析局勢而提出建議。林獻堂深表贊同，此後，他致力於「台灣議會設置請願運動」，並且成立「台灣文化協會」，發行「台灣民報」，期望達成啓迪民智、喚醒民族意識的功能。

在日本的殖民統治下，總督府並不重視台灣人民的教育問題，只是要求台灣人說日語、寫日文、儘量改用日本人的生活方式而拋棄固有的中華文化。「如果不從教育方面著手改變，台灣人永遠都只能屈服在日本的統治下，而不知該如何爭取自己應得的權利。」林獻堂說服地方上頗具名望的人物，大家出資創辦了「台中中學校」（今台中一中），積極培養台灣子弟讀書求知。

◎日本推動「皇民化運動」的重點包括推廣「國語家庭」（積極地使用日語、穿和服、信奉日本神明），「國語家庭」的子女才可以進入日本子弟就讀的小學，足以顯見當時在教育上的隔離和不公平。

◎林獻堂在一九一八年便和東京的留學生一起討論廢除「六三法」，希望將台灣納入日本憲法的治理之下。

◎一九二一年林獻堂所領導的「台灣議會設置請願運動」，是向日本貴、衆兩院請願，要求設立擁有特別立法權和預算審議權的民選台灣議會。

除了教育制度的不公，日本政府特別以「法律第六十三號」（簡稱為「六三法」）做為統治台灣的依據，完全不同於日本國內的治理情況。依照「六三法」的內容，總督府控有一切大權，台灣人民的生殺大權全握在日本人手裡。林獻堂對日本國內的狀況十分了解，因此而覺得忿忿不平：「日本是個有憲法的國家，處處講求民權的維護，可是對我們台灣人卻變了個樣，真是太不公平了！」於是，透過「台灣議會設置請願運動」的運作，在長達十四年的時間裡，向日本國會提出十五次的請願，每次請願之前，林獻堂都必須多方奔走，尋求至少一位議員擔任請願活動的介紹人，儘管日本人並不贊同林獻堂的請願訴求，但對於他這種不辭辛苦、努力不懈的精神，卻是十分敬佩。

林獻堂和日本政壇人士交往，有時不得不使用日語，可是他私下從不講日語，也不穿和服，他永遠記得自己是中國人。當梁啓超應邀來到台灣，暫住在霧峰林家，看到林獻堂處處維護著中華文化，覺得十分感動：「在日本的壓迫下，還能保守著中國傳統，眞是難為你了！」

梁啓超說得不錯，日本人把請願運動視之為另一種抗日行為，到了一九三四年（民國二十三年），由於加強對台灣的控制，使得請願活動不得不停止。「日本雖然不准我們設置議會，可是經由這十多年的努力，社會精英和知識分子已經有了共識，日本國內也開始重視台灣的人權問題，相信我的辛苦並沒有白費。」回憶過往，林獻堂百感交集。

一九四五年（民國三十四年），日本戰敗投降，依照「開羅會議」的決定，台灣終於回歸中國，林獻堂滿心歡喜；沒想到國民政府接收台灣以後，並沒有妥善治理，種種不當的措施，不僅大失民心，甚至爆發了嚴重的「二二八」事件，林獻堂失望之餘，決定走避到日本。民國三十八年他離開自幼生長的台灣，七年後病逝於東京，但他終身爲台灣同胞爭取權利的努力，將永遠被後人所景仰。

◎一九四三年的開羅會議中，美國總統羅斯福、英國首相邱吉爾和中國的蔣中正共同發表聲明，日本將於戰後歸還所有強佔中國的土地，包括台灣和澎湖。

羅福星

領導抗日的烈士

西元一九〇八年，光緒皇帝和慈禧太后在兩天之內相繼去世，三歲的宣統皇帝繼位，滿清王朝似乎已走到盡頭。這時候，孫中山領導的革命黨員，前仆後繼地在各地起義，希望能推翻腐敗的滿清，建立民主、平等的新政府。

「進攻總督府是很危險的任務，同志要小心。」黃興策畫的廣州之役，在宣統三年的三月二十九日進行。參與這次行動的人，大都是年輕有為的社會精英，羅福星就是其中之一。

羅福星出生於印尼，祖籍廣東省。他二十歲那年，曾隨家人來到台灣，客居在苗栗。

「這些蠻橫的日本人實在可惡，他們根本不為老百姓著想！」羅福星血氣方剛，看不慣日本殖民政府在台灣的行為。

「孩子，我知道你愛國心切；但是，清廷戰敗，台灣割給日本已

◎一九〇八年十一月十四日光緒帝崩，年僅三十八，二十小時後慈禧太后故世，享年七十四。

◎孫中山所領導的革命組織中，「興中會」時期僅發動廣州和惠州兩次起義，「同盟會」時期則發動九次的起義，一共是十一次。「三二九廣州之役」是第十次，下一次便是成功的武昌起義，所以孫中山共經十次的失敗而終於推翻滿清，建立民國。

經好幾年了，日本人搜括台灣的物資，奴役台灣人民，這也是沒辦法的事情。」羅福星的祖父嘆了一口氣，無奈地說。

羅福星一家人在苗栗豐湖村住了三年，和鄉親鄰里相處融洽；但是，他們實在不願忍受日本的殖民統治，所以搭乘輪船返回廣東，決定在家鄉定居。

同是廣東籍的孫中山，爲了推翻滿清創立民國，早已成立「中國革命同盟會」，吸引不少有志之士入會，抱持著民族情感和愛國熱忱的羅福星，自然是同盟會的一員。

那是羅福星生活最充實的一段時光，他結識了不少同志，和他們暢談理想、抱負，又得到廣東學務部長丘逢甲的賞識，被聘爲「廣東視學兼廣州府學堂監督」。

羅福星自幼生長在海外，熟悉華僑社會的一切，所以，他又奉派到南洋去視察僑校。羅福星先後在新加坡等地擔任僑校校長，致力推廣華文教育和中國文化，並且宣揚革命思想，希望僑界能支持孫中山的革命事業。

「三二九廣州之役」是孫中山領導的第十次起義，不幸失敗，許多志士殉難，後來合

◎「興中會」在檀香山成立，十一年後擴大編組的「同盟會」則成立於東京，時為一九〇五年（清光緒三十一年）。
◎丘逢甲在台灣抗日失敗後，內渡返回廈門，不久恢復廣東原籍。

葬於黃花岡，這就是「黃花岡七十二烈士」的由來。

在這次起義中，羅福星身受重傷，幸好順利脫逃，沒有被逮捕。不到半年，八月十九日（陽曆十月十日）武昌起義成功，羅福星從南洋一帶招募了義勇軍趕回國內效命。在革命黨人的努力以及各省的響應下，中華民國終於建立了。

「這是一個新的時代，專制帝王不再，人民終於可以享受民主、自由的生活。」羅福星興奮地表示。

當大家陶醉在民國初建的喜悅時，每到夜深人靜，羅福星的思緒卻飄到台灣。

「中華民國保障了眾人的權利，但是，台灣的同胞仍生活在日本人的統治壓榨下，叫我怎能安心！」於是，羅福星立下志願，要以拋頭顱、灑熱血的革命精神解救台灣同胞。

一九一二年（民國元年），羅福星奉孫中山之命，到台灣組織同盟會支部，開始發展抗日組織。

羅福星的抗日指揮中心設在苗栗，聯絡站則設在台北的大稻埕（今延平區一帶）。不到一年，羅福星所領導的抗日組織就遍布全省，人數更多達數萬人，並得到國民黨內黃興、胡漢民等人的支持，龐大的聲勢和陣容，當然引起日本總督府的注意。

一九一三年（民國二年），羅福星號召衆人，意圖大舉抗日。「各位同胞，讓我們英勇奮戰，推翻日本人的殖民統治，還我民主自由！」不幸的是，由於事機不密，羅福星於這年年底在淡水被捕，日人稱之爲「苗栗事件」。日本人設立臨時法庭，開始大肆搜捕抗日分子，竟株連幾百人。羅福星在獄中受到嚴酷的審判，他總是不屈不撓，連日警都爲之動容。最後，日本以「叛亂首謀」的罪名，判處他絞刑，並於第二年執行。羅福星死時年僅三十歲，他的遺言是：「不死於家鄉，永爲子孫紀念；而死於台灣，永爲台民紀念。」

第二次世界大戰結束，日本戰敗，台灣光復，政府明令褒揚羅福星的英勇事跡，並將他奉祀於忠烈祠，供台灣民衆紀念。

簡大獅

不屈不撓的抗日猛漢

正值暖烘烘的初春時節，和煦的陽光灑落一地金黃，農民們本該忙於田裡的農事，但對台灣人來說，大家心裡七上八下的，連插秧這麼要緊的活兒都顧不得了。

「聽說朝廷有意謀和？」「什麼『謀和』，那叫做屈服！戰場上敗給日本了，只得簽下條約認輸了事。」兩個讀過書的人一邊討論局勢，一邊搖頭嘆氣。他們的言論，倒把一些純樸的莊稼人給引了過來。「你們在說什麼啊？」「說打輸給日本的事啦！反正朝廷就只會割地賠款，任人宰割。」「嘿！只要不割到台灣，大家就放心了啦！」農民咧開大嘴一笑，好像真的沒發生過任何事。

不幸的是，這次戰敗所簽的「馬關條約」，日本要求中國割讓的土地，就是台灣。這時是一八九五年（清光緒二十一年），割台的消息傳來，台灣民眾不僅是惶恐，更表明了「永戴清朝」、「拒倭守土」的堅決態度。於是，一批批抗日義軍，以拋頭顱、灑熱血的方

i

◎一八九五年（清光緒二十一年）三月十九日，負責談判議和的李鴻章等人抵達日本馬關，四月十七日雙方代表簽署「馬關條約」，但因台民強烈抗爭，滿清朝野也反對割台，清廷一直到五月二日才批准條約內容條款。

式抗拒日軍，他們不畏犧牲前仆後繼，其中很特別的一個人物，就是簡大獅。

農家出身的簡大獅，自幼鍛鍊出好體力，他的身材壯碩，個性耿直，雖然書讀得不多，也不懂國際局勢，但對於外國人侵略中國的事實深感憤慨。有一次，他看到一個洋人欺負中國人，一旁觀看的人不僅不幫助自己的同胞，還訕笑譏諷，簡大獅實在看不下去了，就過去給那個人一拳，並且激動地罵道：「看見自己人被欺負，不知道幫忙還取笑，你還算男子漢嗎？」

日本人覬覦台灣已久，從同治年間的「牡丹社」事件，就顯現出侵台的野心。現在，台灣眞的落入日本的統治，簡大獅和許多愛國群衆一樣，更是氣憤塡膺；再加上他的家族裡不少人是死於日人手中，他的妻子、妹妹也因不堪受辱而死，更讓他對日本人恨之入骨。「朝廷既然顧不了我們，大家只好自立自強，用決心和勇氣與日本抗爭到底！」簡大獅自組兵勇，響應的人數多達上百，一時間倒也形成一股不小的勢力。

但是，抗日義軍的戰鬥力，畢竟敵不過日本的正規軍隊，再加上日本人爲了盡速控制全台秩序，第一任總督樺山資紀以鎭壓的高壓手段，對抗日義軍展開殘酷的屠殺。簡大獅因此被迫在淡水、竹子湖一帶流竄，並改用游擊戰的方式，出其不意地對日本人進擊。

「簡大獅、柯鐵虎、林少貓號稱是『三猛』，如不誅殺，台灣秩序難安！」第四任總督兒玉源太郎確立鎮撫兼施的政策，一定要徹底消滅這些抗日勢力。

「既然是軟硬兼施，不妨試著召降簡大獅，就算他不降，他的部眾如果投降，對他而言也是不利的。」民政長官後藤新平提出看法。日本人採取雙管齊下的方式，果然瓦解了簡大獅的力量，逼得他只好向日方求饒。

「這份哀求書寫得倒是挺可憐的，只求我們放他一馬；依我看，這簡大獅並沒有誠意，不過是個緩兵之計。」後藤新平根本不相信簡大獅會歸降。

簡大獅的確不想向日本人屈服，但他受了傷，部下死的死、降的降，讓他不得不作出投降的姿態，以換取時間逃亡。一八九九年（清光緒二十五年），日本人發動軍警在草山（今陽明山，也有一說在「大屯山」）對他展開圍捕，簡大獅退守金包里，轉戰三角湧（三峽），又退至龍潭陂（龍潭）、鹹茶甕（關西），但因餉械短缺，只好坐船逃到廈門，也算是九死一生了。

仰望明月當空，簡大獅不禁想起故鄉台灣。「沒想到抗日終究不成，但我深信，後世子孫會持續努力，脫離日本的殖民統治；

◎一八九五年五月十日，日本任命海軍軍令部長樺山資紀為台灣總督，他在二十四日率文武官員啟程，二十九日便從澳底登陸台灣。

◎竹子湖在今陽明山國家公園內。

◎簡大獅和中部的柯鐵（又稱柯鐵虎）、南部的林少貓並稱為「抗日三猛」。

如今我只能棲身於此，無法再爲抗日盡一份力了，這兒畢竟是自己的國家，感覺安然又自在。」

簡大獅萬萬沒想到，日本人買通了廈門的清朝官員，簡大獅竟被自己人逮捕！

「我本是一介草民，雖死不足惜，但生既爲大清之民，還盼死仍作大清之鬼。千萬不要把我交給日本人，讓我死不瞑目啊！」簡大獅受審時向官府提出最後的懇求。

「台灣歸日以後，大小官員離台內渡，不問人民生死，簡大獅以一個平民百姓的身分，聚眾抗日，血戰百次，確實是條漢子，現在他既然委身在此，就是大清朝的子民，政府應該對他有所保護才是。」大家議論紛紛，都爲簡大獅抱不平。但是，簡大獅仍然被引渡回台，交由日本發落。一九〇〇年（清光緒二十六年）年初遭到處決。

滿清官府的無能顢頇，讓簡大獅悽慘地結束生命，弟弟簡大度得知後，再度率眾抗日，不幸又敗而遭屠殺，眞可說是天地同悲！

英烈千秋

抗日殉身的烈士

熊熊火光自村中竄起，哭聲、喊聲、槍聲四處充斥，烏林崗（現在的桃園縣龍潭鄉）的村民，正進行激烈的巷戰，要和日本軍隊決一生死。

這是馬關條約簽訂後的第二年夏天，西元一八九六年，日本已正式占領台灣，設立台灣總督府，日本軍隊採取非常嚴厲的鎮壓手段，在各地搜捕抗日分子。可是，不甘受異族統治、不畏犧牲的抗日烈士，仍是前仆後繼，勇敢地獻身革命，以血肉之軀抵抗日本的搶砲刺刀……。

「村長，情勢危急，日本兵殺了好多人，怎麼辦呢？」村民劉林手持鐮刀，身上沾滿血跡汙泥，氣喘吁吁地說者。

「日本人的傷亡怎麼樣？」老村長問道。

「死傷慘重。但是他們人多，我們根本打不過，還有……」劉林

◎日軍於一八九五年五月二十九日自澳底登陸，台灣總督府於六月十七日在台北舉行始政典禮，便以武力鎮壓各地的抗日，而逐步完成控制。到了十一月十八日，首任總督樺山資紀向日本政府報告：「全島悉予平定。」

◎馬關割台後，台民展開武裝抗日，若以「台灣民主國」時期犧牲的人數看來，大約是一萬人左右，但自一八九七到一九〇二年之間，各地抗日犧牲的人數則高達一萬零六百六十三人，還有許多尚未列入統計中的犧牲者。

喘了一口氣。「先前大家把醃菜用的陶甕堆起來，做為掩護的屏障，結果日本人一陣掃射，陶甕全碎了，我們的傷亡更慘重。我看，還是叫大家快撤退保命吧！」

老村長流淚不語，帶領了村中婦女孩童等，一同逃往荒僻的山區（地點大約在石門水庫附近）。

激烈的戰鬥結束了。除了陳屍荒野的村民，日本兵還活捉了七十五名抗日分子。

「可惡的台灣人！竟敢抵抗我們，一律格殺勿論！明天就執行死刑。」日本軍官惡狠狠地說道。

七十五人被關入大牢，這是他們的最後一夜。可是，他們並不畏懼，因為還會有更多的勇士會投身抗日革命，台灣人遲早會奪回屬於自己的土地。

天還沒有亮，七十五人被士兵押著，綁赴刑場，日本士兵揮起大刀，一個個砍殺。但是烈士們大義凜然的氣度、從容就死的表情，讓日本士兵也深受感動，有的士兵竟然濕了眼眶，雙手顫抖地揮砍著武士刀，強壓心中的悲痛和不忍。

七十四人全部遭到處決，只剩下最後一名，他是最年輕的胡玉山。日本兵已經心軟手軟，不想再開殺戒了，便用簡單的日語問道：「你叫什麼名字？」

「胡玉山。」胡玉山直挺挺地跪著，並不畏縮。

「我不殺你，你留下來掩埋屍體。」日本兵竟然大發慈悲，放過了胡玉山。

胡玉山被鬆綁，開始動手挖土，把屍體一一搬入坑中。可是，他發現一旁竟有不尋常的動靜。

胡玉山機警地引開日本士兵的注意，彎身到草叢中查看，發現同伴黃阿任渾身是血，卻還沒有斷氣。

「阿任，你還行嗎？我掩護你，趁著天沒大亮，你快爬走逃命吧！」胡玉山悄聲說道。

黃阿任吃力地點點頭。當時，在日本人揮刀砍下時，他巧妙地把頭一偏，因此只受了皮肉之傷，雖然流血很多，卻還是保住了性命。他小心地匍匐前行，終於逃亡成功。

日本軍官以為七十五人全部都處決了，接著又冷血地下令搜捕那些抗日分子的家人，進行嚴酷的偵訊。

烈士的家人，在老村長帶領下，躲在深山餐風宿露，不敢下山，只以野果充飢。到了夜晚，幼小的嬰兒不住地啼哭。

「快制止孩子的哭聲！如果引起日本士兵注意，大家全沒命了！」村長厲聲說道。

「沒辦法，孩子餓呀！」母親掩面哭泣，不知怎麼辦才好。

「別讓孩子害了大家。」「快制止他！」村民交相指責，每個人眼中流著淚，心裡也淌著血。

做母親的把心一橫，用力掐住孩子的咽喉，孩子不哭了，也斷了氣。悲傷的母親接著縱身往山谷一跳，陪著孩子共赴黃泉……。

西元一九四五年，日本戰敗，台灣光復，黃阿任和胡玉山兩人，親口敘述當年所發生的一切，聽的人沒有不感動的。大家便決定在當地為這七十三名烈士立廟紀念，就是龍潭鄉的「七十三公忠義廟」。大難不死的黃阿任和胡玉山，後來都活到九十多歲。而這些抵抗異族的烈士，其浩然正氣及民族情操則永存人間，為後人所敬佩。

◎除了「忠烈祠」供奉著抗日烈士的英靈之外，各地還有抗日紀念碑，例如台北縣貢寮鄉的鹽寮、台南縣玉井鄉等等。

八田與一

嘉南大圳之父

炎炎烈日，農民揮汗如雨地工作，雙手不停地忙著，嘴裡還不時地喃喃念道：「老天爺幫幫忙，今年雨水給得不多也不少！」

嘉南平原是全台最重要的農業產地，地勢平坦土壤肥沃；但是，農民苦於灌溉水源的不足，只得靠天吃飯，導致農業發展受到很大的限制。這時候，八田與一來到台灣。

一八八六年，八田與一在日本出生。富裕的家境，使他從小就接受完善的教育。他從東京帝國大學土木工學科畢業後，就渡海來到台灣；那是一九一一年，也就是清廷將台灣割讓給日本的十多年以後。

八田與一任職於日本總督府，他發現台灣農地的灌溉問題很嚴重，於是前往菲律賓、泰國等地考察，返台以後，再積極投入嘉南平原的水利研究。

一九一九年，八田與一開始在嘉南平原進行十五萬甲土地的水路丈量、曾文溪引入水

◎嘉南平原南北長約八十六公里，東西長約七十一公里，是台灣最大的米倉。

◎清廷在一八九五年（清光緒二十一年）割台灣、澎湖給日本。

◎總督府在一九〇八年公布「台灣官設埤圳規則」，著手建設大規模的官辦埤圳，以十八年為期，在全台進行十多處的埤圳修築工程，其中尤以嘉南大圳最具規模，灌溉的農田面積多達十五萬甲。

流測量，以及各種工程設計。

「我計畫以『半水成填充式』的方法建造蓄水庫，在水壩中心使用水泥，其他部分則搭配鵝卵石、砂礫、黏土等……」八田與一向總督府官員詳細地解說建材。一九二〇年，嘉南大圳的營建工程正式展開。為了慎重起見，他又到美、加等國參觀，吸取各國專家對於「半水成填充式」的營造經驗，再回台實際操作。

即使是認眞地工作，工程進行中還是出了意外，烏山嶺的隧道爆炸事件造成幾十人傷亡，八田與一心痛不已：「弟兄的犧牲，激勵我們更要勇往直前。」八田與一強忍悲傷的心情，和工作人員一起振作。

因為這次不幸事件，原計畫必須修改，水壩的完工時限因而延長，工程費用也增加了。八田與一遭受不少質疑，但是，他堅決地認為，只要盡心盡力，擇善固執，終有成功的一天。

一九三〇年，嘉南大圳終於完工了，灌溉區域包括現在的雲林、嘉義、台南共十五萬甲的農地，而且還兼具排水、防洪、防潮等功能。其中最主要的工程——烏山頭水庫，它跨越了台南縣的官田鄉和六甲鄉，是當時東亞地區最具規模的水利設施。

烏山頭水庫的水源得之不易，高五十六公尺、長逾千尺的大壩，先是攔堵了官田溪

（一說為官佃溪），再引豐沛的曾文溪溪水，經由四公里長的隧道，穿越了烏山山脈，注入官田溪上游，成為水庫的水源；另一道水源濁水溪，是在雲林縣林內鄉攔截溪水，再直接引進灌溉幹線裡，使得旱地變良田，造福了農民無數。

望著碧波萬頃的集水區，八田與一欣喜這些年的辛苦終於有了代價；但是，他不敢驕傲，因為在這十年施工期間，有一百多名同仁犧牲了寶貴的性命。

「如果不是他們的貢獻，哪裡有今天的成果！」八田與一不禁仰頭長嘆。於是，就在烏山頭水庫的入口處，有了一座「殉工碑」，紀念這些殉職人員。

八田與一完成了水利建設，接著在台灣

從事土地改革計畫，以提高耕地價值爲目標。八田與一用了幾年的時間，研究台灣各河川水量、農作物需水量、土壤性質和需水量、集水區洪水量、各季降雨量等，在一九三六年提出「台灣土地改良事業計畫書」六十大項，可說是一份綜合了水利、土木、地質、農業等專門知識的完整報告。

這時候，因爲日本對南洋發動戰爭，八田與一先是被調回日本國內，接著又奉派到菲律賓去進行灌溉調查。不幸的是，他搭乘的輪船被美軍擊中。八田與一在一九四二年罹難，年僅五十六歲。

八田與一去世後，妻子傷心欲絕。第二次世界大戰結束，日本戰敗投降，她就在丈夫闢建的烏山頭水庫投水自盡，也算是和八田與一的精神長相廝守。日本結束了在台長達半世紀的殖民統治，台灣人民在光復以後，幾乎毀棄了所有日本人豎立的銅像，所幸八田與一的銅像未被銷毀，民國七十年再被安置於現址。到現在還屹立於烏山頭水庫。只見他身著工作服，對著遠方沉思，似乎是思索著施工的種種細節。

八田與一在台灣長達三十二年，對於台灣的農業發展貢獻良多，被尊稱爲「嘉南大圳之父」。

◎中日戰爭全面爆發於一九三七年，此時美國尚未參戰，直到一九四一年，因為日本偷襲美軍位於太平洋的海軍基地珍珠港，美國乃加入戰場。

磯永吉

蓬萊米之父

「好香啊！」「眞好吃！」一碗香噴噴的米飯，讓大家不由得食指大動，這就是我們今天所吃的蓬萊米。

農業是台灣人民最主要的經濟活動，自十七世紀鄭成功在台開墾以來，水稻和甘蔗的生產，就是所有作物中最重要的兩項，尤其是水稻的種植，直接關係到人民的生計，最受當政者的重視。

一六八三年（清康熙二十二年）派施琅攻下台灣，次年將台灣納入中國版圖，開始大規模開發土地，並且修築灌溉水圳，其目的就是要穩定稻作的產量；但是，受限於地形和氣候，台灣米的口感並不理想，這種土產的品種，叫做「在來米」。

一八九五年（清光緒二十一年）開始，台灣進入日本的殖民統治時期，總督府開始在台灣進行「綠色革命」，致力於稻米增產，以供應日本國內的需要，這時候，磯永吉正在台灣服務。

磯永吉在大學時讀的是農學科，一畢業就來到台灣，在總督府農事試驗場工作。「台灣的氣候炎熱，特別是盛夏時節，別說農作物受不了，連人都快被曬昏了！」磯永吉隨口說著。他頭頂烈日、腳踏泥土地忙著，伸出手抹抹額頭的汗珠，卻把臉頰也弄得髒兮兮了。「哈！你瞧，這下成了大花臉了，你應該休息一會兒，何必這麼拚命呢？」同組的工作人員打趣地說。磯永吉不發一語，繼續埋頭苦幹。

磯永吉就是這麼一個認真又執著的人，他對工作負責，對研究充滿熱情，而且不怕辛苦。一九一四年（民國三年）他升任爲技師，之後又被派到歐美留學，繼續從事品種改良的研究工作。

結束了留學的學程，磯永吉走訪中南半島、馬來半島、菲律賓和中國大陸南方，他希望從這些亞熱帶國家的農業研究中，找尋在台灣從事農業改良的相同點。由於他兼具學理和實務的經驗，返台後立刻受聘於台北帝國大學（今台灣大學）擔任助教授。

「學無止境，更何況植物種類千千萬萬，絕對是研究不完的。」磯永吉常常期勉自己，他喜歡自己的工作，即使曬得黝黑，雙手沾滿泥漿，他也甘之如飴。

◎所謂「綠色革命」，是總督府致力於台灣稻米的增產，以供應日本國內所需。一九〇〇年，稻米產量兩百八十六萬石，輸出四十四萬石；一九〇九年，產量增為四百六十萬石，輸出九十八萬石；一九二〇年，稻米產量為五百萬石，輸出一百萬石，佔全額的百分之二十。

◎一九二〇年時期，台灣的菁英教育機構，有台北高等學校、台北帝國大學和農林、商業、工業的專門學校，而台北帝國大學則於一九二八年成立。

一九三八年（民國二十七年），磯永吉以研究員的身分再度前往歐美各國留學，並且取得農業博士的學位，返台後成為帝國大學的正式教授。

屈指算來，磯永吉來台已經快二十年了，工作時離不開泥土，事實上，他對這塊土地充滿感情，他希望台灣的糧食作物或是經濟作物，其產量和產質都能有所精進，例如俗稱在來米的「秈稻米」，就曾經激發磯永吉改革的意念：「這種米的產量少，吃起來鬆鬆硬硬，缺乏米食的香氣。」

想要獲得新品種可不是件容易事，磯永吉等人曾試著把日本的稻米品種拿來試種，結果全部失敗。「台灣和日本的地理條件不同、氣候相差更多，連日照時數都不一樣，植物也會水土不服啊！」磯永吉幽默地說。其實，他心裡煩惱得很，他多希望日本品種的稻米能在台灣生根成長啊！

回想起那段跟稻米奮鬥的日子，磯永吉得意地告訴學生：「好在那時年輕力壯，管他颳風下雨、還是酷暑當頭，我每天『和稀泥』，今天各位才有口福吃到香噴噴的米飯噢！」學生聽得哈哈大笑，大家都知道，老師所說的「和稀泥」就是工作，而且，老師工作時認眞的態度最爲衆人所敬佩。

那是一九一八年（民國七年），新品種的稻米終於在台培育成功，其中尤以「台中六十五號」品種的種植效果最佳。「我們可以把它叫做『新台米』，以紀念它是台灣的一種新米。」磯永吉興奮地表示。後來，台灣總督伊澤多喜男就把這種米命名爲「蓬萊米」，表示這是產自蓬萊仙島——台灣的優質稻米。當時因爲蓬萊米的價錢比在來米高出百分之十，農民自己捨不得吃，卻大量地輸往日本；直到光復後情況才改善，台灣人民終於可以享受蓬萊米的米香，不必再以甘藷果腹了。

◎伊澤多喜男在台擔任總督的時間是一九二四年九月－一九二六年七月。

◎由於蓬萊米的單位面積生產量較在來米多百分之二十，價格又高出百分之五－百分之十，因此，蓬萊米的種植迅速普及全台，造成台灣稻米產量大增。一九三八年時稻米產量達到高峰，為九百八十二萬石，輸出五百二十萬石，已佔百分之五十三，其中蓬萊米佔輸出總量的百分之八十四。

蓬萊米的單位面積產量比在來米多出百分之二十，可說是相當成功。磯永吉又致力於經濟作物的研究推廣，教導農民在稻作休耕期間，種植甘藷、亞麻、菸草等等，既可充分利用土地，還可以增加收益。

第二次世界大戰結束，日本因爲戰敗而撤離台灣，磯永吉對台灣貢獻良多，特別獲准留下來，擔任台灣省農林廳的技術顧問。直到他八十三歲時，才退休返回家鄉日本。

「我在台灣待了四十六年，現在要回家了；不過，台灣也算是我的家鄉啊！」磯永吉對台灣依依不捨。中華民國政府每年贈送他充足的米糧，表達對他的感謝，磯永吉並且贏得「蓬萊米之父」的榮耀。

蔣渭水

台灣民眾黨的創始人

正值英年的蔣渭水，安穩地坐在太師椅上，看著自己一手創辦的「大安醫院」（位於台北大稻埕）和對面的「春風得意酒樓」，心裡不禁想著：「我既是商人，又是名醫，名利雙收，有誰能夠！」

可是，每到午夜夢迴，蔣渭水似乎又有一絲不踏實的感覺：「人生所追求的，難道就只有名和利嗎？」

以總成績第二名畢業於「台灣總督府醫學校」（今台大醫學院）的蔣渭水，是個資質優異又先知先覺的人，當他對人生產生疑惑時，總會以更高層次的目標，激勵自己的鬥志。這時候，台灣正處於被日本殖民統治的時代，社會上處處顯現著不公，台灣民眾曾經以前仆後繼的犧牲方式與日本抗爭；一九二〇年（民國九年）以後，林獻堂等社會精英又推動社會運動，採取集會、演講、請願和抗議的合法手段，迫使日本人改革不合理的統治方式。

i

◎日本在台統治期間的教育設施，是為了貫徹其同化政策。一九一九年以前，國語學校和醫學校是兩所最高學府，培育台灣的社會菁英，而有媲美英國劍橋和牛津大學的美譽。

林獻堂等人的作爲，撼動了蔣渭水的意念。「中國有孫中山的革命建國；而台灣卻因一紙『馬關條約』，成了日本的殖民地，種種屈辱究竟何時了？我身爲高級知識分子，難道就這麼視而不見，無動於衷嗎？」於是，蔣渭水和林獻堂一起成立「台灣文化協會」，從此致力於台灣的民族運動。

在文化協會的成立大會上，蔣渭水以醫生的專業發表演說，內容是「如何爲台灣治病」：「台灣人現在所患的病叫做知識營養不良症，文化運動是唯一的療法，而文化協會就是專門研究並施行文化的機關。」蔣渭水認爲，在日本的殖民統治下，台灣人失去了思考應變的能力，日本人只想同化台灣人，讓台灣人忘卻中國文化的本質，而順從總督府的政策。蔣渭水明確地指出：「往後我們要增設學校、讀報社、舉辦各種講習會和演講，以啓迪民智，喚醒大家的民族意識。」

對於蔣渭水這種激進的民族意識，總督府當然不能認同。一九二三年（民國十二年），蔣渭水因台灣議會設置請願運動而引發的「治警事件」被捕入獄，服刑四個月。出獄以後，蔣渭水立即投入更積極的政治運動，他成立「台灣民衆黨」，可以說是台灣社會上第一個具有影響力的政黨。

「台灣民衆黨」的宗旨是確立民主政治，建設合理的經濟組織，以及革除社會不良制

度。蔣渭水以不妥協的態度，持續與總督府抗爭，例如吸食鴉片這件事，就是「台灣民眾黨」極欲剷除的社會弊端之一。

蔣渭水身爲醫生，非常了解鴉片對人體的危害，可是，日本對台灣竟有「鴉片公賣與吸食特許」的政策，蔣渭水氣憤填膺地表示：「鴉片不僅危害到個人健康，毀損家庭幸福，還造成國家社會的不安。中國在十九世紀因爲一場鴉片戰爭而敗給英國，從此飽受列強欺凌，鴉片帶來的慘痛教訓還不夠嗎？台灣人誤以爲吸食鴉片可以防潮氣，日本人在國內明令禁止鴉片，卻在台灣准許販售，這種陰狠的手段應該公諸於世，讓世人明白日本人的卑鄙。」於是，蔣渭水草擬了文稿，準備向「國際聯盟」（聯合國的前身）投訴。

爲了避開日本人的檢查扣押，這份英文的電報文件選在電報局已經下班的時間，由蔣渭水的兒子送去發拍。「一個十幾歲的孩子去發電報，外人一定認爲是家裡出了大事，應該不會對電報的內容多做懷疑；況且，那些留守的值班人員英文程度較差，看不懂電報裡的文字，這樣才能逃過日本人的打壓。」蔣渭水的逃脫妙計果然奏效，電

◎一九二三年的「治警事件」中，總督府以違反治安警察法的理由，進行全島搜查，被傳訊扣押者近百人，其中七人分別被判處三或四個月的徒刑。

◎第一次世界大戰結束後，戰勝各國在一九一九年舉行巴黎和會，為了維繫世界和平、解決國際紛爭，與會的代表美國總統威爾遜提出「國際聯盟」的構想，會址便設在瑞士日內瓦。

報順利地發到「國際聯盟」，「國聯」接受這份投訴，眞的派人來台調查鴉片事件。日本的國際形象受損，總督府自知理虧難以爭辯，更對蔣渭水恨之入骨。

此外，「台灣民衆黨」還曾經痛批日本對「霧社事件」的鎮壓方式。蔣渭水把當時的慘狀告訴日本國內：「日本軍警用炸彈和毒氣對付原住民，老弱婦孺不得倖免，造成上千的原住民被屠殺。」但是，到了一九三一年（民國二十年）二月，「台灣民衆黨」被日警查禁，對蔣渭水造成嚴重的打擊，也影響了健康。在蔣渭水心裡，孫中山是他最尊崇的偉人，孫先生曾以「革命尚未成功，同志仍需努力」來期勉國人，蔣渭水則提出「同胞須團結，團結眞有力」，呼籲台灣人繼續奮鬥，向總督府爭取合理的對待。

同年八月蔣渭水病逝，年僅四十二，全台有數千人趕來參加告別式，悼念這位終身爲台灣奮鬥的烈士。

◎孫中山自一九一二年（民國元年）建立中華民國以來，歷經袁世凱、段祺瑞、張勳、吳佩孚等等軍閥的禍國亂政，不僅造成國家的分裂，頻仍的戰事更使得生靈塗炭，因此，孫中山於民國十四年去世時的遺言，是交代同志們：「革命尚未成功，同志仍須努力。」

蔡培火

愛國愛民的民族鬥士

一八九五年（清光緒二十一年）對蔡培火來說，是糾結了國仇家恨的一年。中國在中日甲午戰爭中戰敗，之後簽定了「馬關條約」，竟把台灣割給日本，引起全台民衆的恐慌；而蔡家又發生更不幸的事，蔡培火的父親因病過世，年僅六歲的培火頓時成了孤兒，原本可賴以依靠的大哥，因爲參加抗日行動，遭受日軍的通緝而下落不明，培火和母親驚惶失措，帶著有限的積蓄逃往中國大陸，歷盡艱難，也花光了盤纏，最後不得不返回北港老家。

如此逆境，並沒有磨損蔡培火的鬥志，他勤奮不懈、努力向學，儘管日本人要求每個台灣孩童都要會說日語，但蔡培火還精通台語和漢文，而且寫得出一手好文章，由此不難想見他的資質聰穎。

十七歲時，蔡培火進入總督府的國語（即日語）學校師範部就讀，畢業以後就在「公學校」裡任教。「公學校」是當時的初等教育，在校

◎蔡培火於一八八九年生於台灣雲林的北港，「馬關」割台時他年僅六歲。

◎總督府以教育作為同化和開化台民的手段，初等教育的目的在實施日語教學，中等以上的教育設施不甚完備，僅僅設立修業三至四年的國語學校（國語即日語），以培養初等教育師資。

◎總督府致力推動語言同化政策，透過學校教育和社會教育，積極地普及日語，結果懂日語的人數逐年增加，一九四○年有兩百八十萬人，一九四四年日本投降的前一年，懂日語的人數已高達四百四十萬。

修業六年，以日語教學為重點。總督府的目的，是為了同化台灣人，讓孩童從幼年時期便認同日本文化，而忘記自己是漢人。

面對天眞無邪的孩子，蔡培火常常自問：「我身為人師，應該從中國的固有道德裡引述做人處世的道理，更應該讓孩子們知道中華文化的博大精深，進而培養他們的愛國情操，可是，今天我究竟在做什麼呢？」

蔡培火認為，總督府這種要求全民服從的愚民政策，只會扼殺台灣人的思想，根本不是在教育台灣人。於是，他離開教職，在林獻堂的資助下前往日本留學。「我倒要看看，日本國內的師資是如何培育的，日本教師又如何進行民族精神教育！」

蔡培火考取東京高等師範學校理化科，因而認識許多留日的台灣學生，大家暢談起局勢，都是不勝感慨：「我們離鄉背井地跑到這兒來求學，因為台灣本土根本沒有升學的管道，哪兒還有什麼高等教育機構呢？」「是啊！帝國大學畢了業，想要深造只好來日本，父母辛辛苦苦地守著幾分田過日子，還得供給我留學，想想眞是慚愧呀！」「說來說去，都是因為日本的教育政策不公，不僅抹殺了台灣人的發展機會，還愚弄了人民，逼使大家乖乖就範，做個聽話的順民。」蔡

◎由於台民在台升學不易，只好前往鄰近的日本留學。截至一九四五年止，赴日留學的人數高達二十萬，其中以習醫者最多。

培火越說越激動，不久，他便加入台灣留日學生的抗日活動。

對於致力推動「台灣議會設置請願運動」的林獻堂來說，蔡培火眞是個不錯的幫手，他把請願的訴求，當成是全台灣人的民族運動；正因如此，在日本人心裡，蔡培火根本是個不折不扣的抗日分子。

一九二三年（民國十二年），蔡培火因爲參加「台灣議會期成同盟會」，以違反治安警察法而遭到逮捕。

當蔡培火接受偵訊時，民衆擠在獄所四周聲援，把日警眼中的人犯當成是民族英雄。民衆的熱情，加上蔡培火應訊時正氣凜然的態度，連日本人都爲之動容。

「我不殺不搶，只爲台灣人民爭取合理的權利，難道有錯嗎？日本國內有憲法，治理台灣卻依『六三法』行事，這公平嗎？」蔡培火所指的「六三法」，是日本政府單獨爲統治台灣所設的法律，讓台灣總督府控有一切大權，行使獨裁的統治方式，台灣人根本別想談什麼民權。

蔡培火還是被判了刑，但只是警告性的處罰：監禁四個月。出獄後的蔡培火，仍舊爲民族運動而努力，並和蔣渭水等人創立了「台灣民衆黨」，但後來因意見不合，蔡培火脫離民衆黨，另組「台灣地方自治聯盟」，要求公民普選產生地方首長和民意代表。日本人雖然

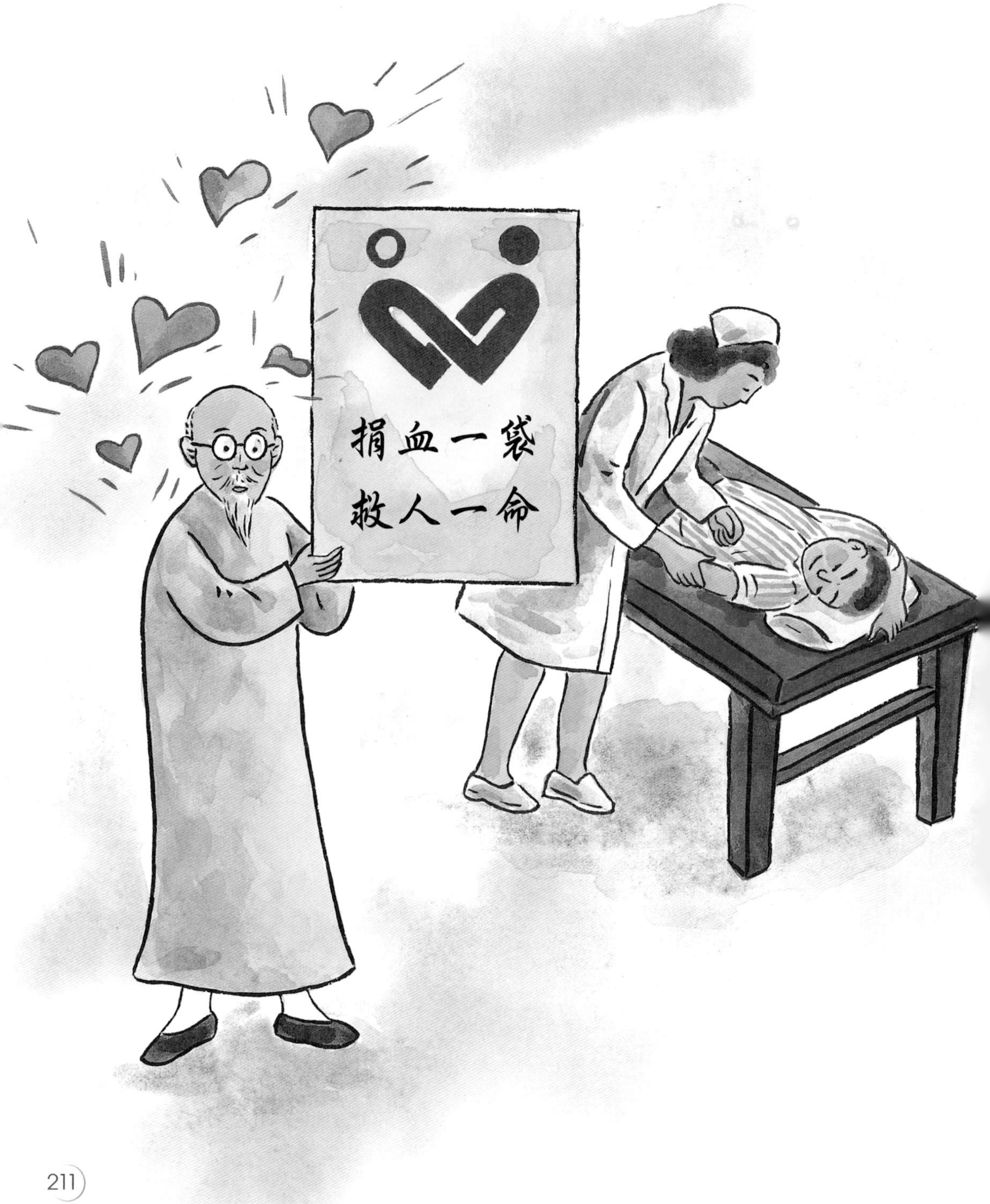
捐血一袋
救人一命

沒有全部採納，但也稍做讓步；到了一九三五年（民國二十四年），總督府將原來全部官選的民意代表，改爲半數官選、半數民選，而合乎規定資格的男性，還可以得到選舉權與被選舉權，民主觀念終於普及到台灣社會，這都該歸功於蔡培火等人鍥而不捨的努力。

一九三七年（民國二十六年），「盧溝橋事變」引爆了中日戰爭，總督府開始緊控台灣的社會秩序，爲了避開總督府的跟監，蔡培火暫避到東京，後轉赴上海，直到一九四五年（民國三十四年）日本戰敗投降，才回到台灣。

政府接收台灣後發生的「二二八」悲劇，讓蔡培火感慨萬千：「大家都是中國人，分什麼本省、外省呢！」蔡培火認爲，彼此言語不通所造成的隔閡和誤解，是導致悲劇的原因之一。所以，他開始致力於國語、閩南語對照的字典編輯工作，期盼大家能不分彼此，成爲美麗寶島上的一家人。

蔡培火一直以實際的行動，展現他對國家民族的熱愛，八十五歲時還創辦「中華民國捐血運動協會」，鼓吹民眾響應「捐血一袋、救人一命」，十年後以九十五歲的高齡辭世。

洪長庚

仁心仁術的愛國醫生

即使是清晨，洶湧的波濤仍讓人心驚。漁民駕著簡陋的小船，渡過俗稱爲「黑水溝」的台灣海峽，從福建來到台灣，開始「篳路藍縷，以啓山林」的新生活。

洪長庚的曾祖父洪騰雲，於清末移民來台，居住在當時最繁華的艋舺（今萬華區）。洪騰雲經營米糧商行爲生，生意興隆，不出幾年，便累積了不少財富。洪騰雲頭腦靈活，把資金轉投入對大陸的貿易，不僅擴大了營運的範圍，更成爲地方的首富。

洪騰雲個性坦誠、爽朗，把部分錢財用來賑災濟貧。洪騰雲樂善好施，大家都很尊敬他。後代子孫在耳濡目染的教養下，都培養出努力不懈的毅力以及樂天助人的情操；例如洪騰雲的孫子洪以南，從小就愛好文學。洪騰雲眼見清朝在甲午戰爭中敗給日本，被迫割讓台灣，不由得氣憤填膺；不過，他也坦白地表示：「台灣成爲日本的殖民地，這是我們的不幸，但是日本許多方面的確比我們進步，我們應

◎洪騰雲移民來台，見第六十三頁洪騰雲篇內文。

◎日本在一八六八年明治維新以來，以西化的改革追求進步，而達到富國強兵的效果，成為亞洲最進步且最現代化的國家。

該急起直追。」這種先進的想法，影響他對孩子的教育。他的兩個兒子都留學日本，並在學有所成以後返回台灣，把所學貢獻給鄉里。

洪以南的長子洪長庚，十五歲就成爲京都的小留學生。十多年後，他從大阪醫科大學畢業，本來想立刻返回家鄉，他的指導教授卻說：「長庚，我知道你思鄉心切，也想爲鄉民做點事情。可是，你如果肯多花些功夫研究醫學，將來不是可以貢獻更多嗎？」

洪長庚仔細思索，覺得教授的話不無道理。這些年來，台灣在日本的殖民統治下，人民所受的醫療照顧並不完善，既然身在日本，有很好的學習機會，不妨多多努力，將來學有專精了，再回去台灣吧！

西元一九二四年，洪長庚辭去大阪醫科大學教授的職務，轉到東京帝國大學，繼續攻讀眼科，並且研究艱深的眼科解剖學。

由於眼球的構造和組織很精密，洪長庚守在研究室裡工作，經常持續到三更半夜。當他疲累不堪的時候，不禁揉揉略感痠疼的雙眼，深刻地體會到：「眼睛是靈魂之窗，這句話一點也不錯！」他再轉念一想，台灣是否有很好的醫療設施，維護大家的眼睛健康？親愛的鄉親可有先進的醫學知識，懂得如何保護雙眼視力？

一九二八年，洪長庚三十五歲，得到眼科博士的殊榮，成爲台灣的第一位眼科醫學博

士。第二年，他返回台灣，在台北的大稻埕創設「達觀眼科醫院」，正式開始行醫生涯。

「以後要特別小心了！你要知道，病患的未來就掌握在我們手中，我們醫護人員的責任很重大。」對於粗心犯錯的護士，洪長庚不假辭色地教訓。對於不肯遵照醫生指示服藥、換藥的病人，洪長庚更是毫不留情地責備：「你要清楚，眼睛是你自己的，你不好好照顧眼睛，我如何救得了你？」

對於洪長庚這番嚴厲的指責，病人和護士感激在心，不敢有絲毫懈怠。因爲大家都明白，洪長庚會這麼做，全是爲了病人著想。他用心醫治病患的眼疾，就是希望病人早日重見光明；如果別人不肯配合，他個人的努力還有什麼意義呢？

洪長庚在六十六歲的時候退休，把醫院的經營交給次子洪祖恩。「我的年紀大了，精密的眼科手術對我來說已經很吃力了。幸好祖恩從台大醫學院畢業，我相信他跟我一樣，會是個盡職的醫生。」洪長庚欣慰地說。

◎一九二二年總督府頒定「台灣教育令」，似乎是取消了台民、日人在教育上的差別待遇和隔離政策。但是，在各種限制下，台人子弟依然不能享受公平的教育機會，接受高等教育的人數實在是太有限了，某些較具有正義感的日本人都大聲疾呼，希望總督府能做到教育機會的均等。

◎一八九九成立的「台灣總督府醫學校」，開始時錄取率高達百分之一百，但因醫生是當時最受重視的行業，激烈競爭下錄取率降到百分之十，可見就讀的學生都是極為優秀的人才。一九三六年醫學校併入台北帝國大學。

民國五十五年，七十四歲的洪長庚過世了。許多被他醫治的人，甚至是被他責罵的人，紛紛前來弔祭。

今天，當我們來到台北市的「二二八和平公園」，可以看見劉銘傳爲洪騰雲所建的「急功好義坊」，褒揚洪氏一家對鄉里的貢獻。誠如「急功好義坊」上所寫的字句：「種福之田，積善有餘慶」，因而有傑出的後代子孫洪長庚，以仁心仁德的醫術，繼續把祖先的情操和理想發揚光大。

杜聰明

台灣第一位博士

無論是吸食毒品或販售毒品，在世界各國的律法中，都將處以極重的刑責。但是，怎麼讓菸毒犯和吸食者無所遁形呢？尿液檢驗可說是萬無一失的方式，而這個方法的創始人，便是杜聰明先生。

西元一九〇九年（清宣統元年），十六歲的杜聰明考取台灣總督府的醫學校，出身滬尾（今淡水）農家的他，竟能進入最高學府，眞可說是當時的頭條新聞了。更何況，在考場上勇奪榜首的杜聰明，還差一點因爲身材過於瘦小，而遭到被拒入學的命運，好在主考官獨具慧眼，堅持不以貌取人，杜聰明這才順利地入學就讀。

杜聰明在醫學院求學期間不僅努力向學，並且勤練體魄，每天以冷水淋浴，保持最佳體能狀態。六年後他以第一名的成績畢業，果然是不負衆望。

杜聰明並不是只會讀書的書呆子，他關心國家前途，充滿民族情感，也支持孫中山先生推翻滿清的革命行動，曾多次匯款給大陸的革命同志。後來，武昌起義成功，中華民國建立了，卻出了一個禍國亂政的袁世凱，杜聰明義憤塡膺，竟然突發奇想，準備籌募一筆旅費，和同學一起到北京去謀刺袁世凱。這個計畫也許只是年輕人的一時衝動，但也反應出杜聰明過人的膽識和忠貞的愛國情操。

爲了進一步鑽研醫學，杜聰明赴日留學，一九二二年（民國十一年）獲得京都帝國大學醫學博士的榮譽。

「可不得了啦！咱們滬尾也能出博士呵！」

消息傳來，鄉親奔相走告，連報紙也大幅報導。因爲，杜聰明是全台灣的第一個博士。

「台灣只是我們日本帝國的一塊殖民地，以你的才幹，如果能留在日本，一定會更有發展。」杜聰明的指導教授誠懇建議。

可是杜聰明認爲，台灣更需要他。他決定先赴歐美遊學，研究藥學和病理學，再將所學貢獻故鄉。

經歷兩年多的遊學過程，杜聰明回到台灣。當時的台灣，因爲民智未開，社會上瀰漫著吸食鴉片的不良風氣，許多人因爲無知而上癮，想要戒除卻十分困難。杜聰明看了很難過，他一方面請求總督府成立「台北更生院」，協助吸食者；另一方面，他以「漸減法」來減

◎一八九九年成立的「台灣總督府醫學校」，學生全部享有公費，但就學期間一律住校學習。

◎武昌起義之後各省紛紛響應，但清帝溥儀尚未退位，此時袁世凱居中談判，其交換條件是獲取孫中山臨時大總統一職。之後，他脅迫國會選舉他成為正式大總統，並進行個人恢復帝制的計畫，而將一九一六年（民國五年）改稱為「洪憲元年」，自己登基稱帝，但僅有八十餘日，便在各省的討伐下宣布失敗。

輕患者的毒癮，再平緩地予以根除。十多年之間，更生院幫助了一萬一千多名患者戒除鴉片，可說是功德無量。杜聰明更獨創一種尿液檢測方式，檢測患者是不是有吸食鴉片的習慣。這種方法直到現在仍被世界各國普遍採用。

一九三七年（民國二十六年），杜聰明已是台北帝國大學（今台灣大學的前身）的教授了，這時爆發了大規模的中日戰爭，而台灣總督府為了鞏固殖民統治，推行「皇民化運動」。日本人認為，杜聰明深具影響力，便指派他為「國（日）語家庭」的代表，並希望杜聰明改個日文名字，以號召台灣人效法。杜聰明堅決地表示：「姓氏源自祖先，名字是父母所賜，哪是可以輕易更動！」

杜聰明對鄉土的熱愛，不僅表現在民族情操，也投注在醫學研究中。他發現台灣地處亞熱帶，毒蛇出沒頻繁，被毒蛇咬傷的事件時有所聞，便在台北帝國大學成立藥理學教室，從事蛇毒藥物及毒物學研究，並發表了百餘篇的相關論文，國際公認他是極有貢獻的「毒蛇專家」。此外，他又從本土植物木瓜葉的組織中，研發出一種可以治療痢疾的特效藥，對於缺乏醫藥的台灣來說，這真是一大福音。

◎在總督府強制推行日語的方針下，透過學校教育和社會教育雙管齊下，日本在台殖民統治的末期，日語的普及率已高達百分之八十，但這並不表示台灣人放棄了台語和漢文，大家始終把日語當成是一種外國語言。

一九四五年（民國三十四年），艱苦的戰爭終於結束了，由於日本戰敗，必須歸還台灣給中華民國。但政治變動接踵而來，四年後中華民國政府遷來台灣，在一連串的變亂中，杜聰明接任了台灣大學校長。

當一切穩定之後，杜聰明轉任台大醫學院院長一職，直到六十一歲卸任，他又轉往高雄，創立私立高雄醫學院（今高雄醫學大學）。

其實，當時只是有人願意捐地建校，並沒有任何經費。杜聰明毅然決然買了火車票，南下高雄創校。由於這份執著，高雄醫學院成爲高雄的第一所大學，培養出無數的醫學精英，嘉惠中南部的民眾。

杜聰明出生於日本殖民時代，又經歷了一連串的時代變亂，但他總以樂觀向學的精神，執著於對醫學的熱愛。

杜聰明的一生備受世人推崇，但他總是謙遜爲懷，絕不會驕矜自傲，正如他寫給自己的詩句：「愛惜光陰不秒輕，一生樂學理求明，雖無多少功存世，老馬長途盡力行。」

i

◎一九三七年（民國二十六年）爆發的「盧溝橋七七事變」，中日戰爭全面展開，直到一九四五年（民國三十四年）日本戰敗投降。

◎一九四九年（民國三十八年）底中華民國政府遷台，大陸由毛澤東成立「中華人民共和國」，海峽兩岸進入長期的分裂分治。

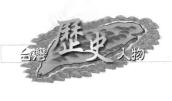

賴和

彰化媽祖

旭日東升，田野間還瀰漫著一層輕霧，賴和起了個大早，伸伸懶腰，準備迎接新的一天。

「怎麼不多睡一會兒？昨天忙了一整天，你可眞夠累的。」家人對賴和說。「今天來看診的人說不定更多，我得早點兒做準備啊！」賴和一邊梳洗著，一邊回答。

賴和是彰化地區的名醫，盛名遠播的原因，是除了醫術好之外，還有更了不起的醫德。鄉親們都知道，賴和看病是救人第一，收費其次。因爲一般農民的收入有限，如果繳不起醫藥費，賴和是二話不說，完全免費看診。「醫生的職責是醫病救人，又不是賺大錢。」賴和總是這麼說。

賴和是彰化人，他出生的第二年，也就是一八九五年（清光緒二十一年），台灣進入了日本的殖民統治，所以，他一直接受日本教

◎日本從一八九五年開始，先是在各地設立國語（日語）傳習所，以教授日語為基本目的；一八九七年則公布「台灣公學校令」，以六年制的公學校取代原先的國語傳習所，加強推行日語。但是，許多人仍以台語交談、漢文寫作，讓日本人相當不滿，甚至指出台人因為對日語缺乏必要感，所以學習的成效不彰。

育；但是，從九歲念私塾開始，他始終不忘學習漢文，並且打下深厚的基礎。

賴和十六歲時考進總督府醫學校（今台大醫學院），畢業後先在嘉義醫院任職，兩年後回到家鄉彰化，開設「賴和醫院」服務鄉里。對這些生活清貧的農民來說，賴和簡直是救命的活菩薩。「賴和醫院」裡每天門庭若市，即使看診的人數近百，賴和依然親切仔細地問診，讓每個病人都能感受到醫生對他們的關懷，鄉人都以「彰化媽祖」稱之。

工作之餘，賴和喜歡閱讀書籍，從經史子集的研讀裡，賴和感受到可貴的民族情操，再對照台灣的現況，賴和不禁感嘆著：「在日本的強權統治下，台灣人的民族情操被壓制，甚至失去尊嚴，實在令人痛心！」

一九一九年（民國八年）的「五四運動」，是中國近代史上的大事，賴和前往廈門的博愛醫院，接觸到西方學說和「五四」的新思潮，這些衝擊更加深了他對國家民族的責任感。「多少人爲了爭取民主政治、發揚民族主義而赴湯蹈火；多少戰爭是因當政者漠視民

◎一九一九年的「五四運動」以「外爭主權、內除國賊」為宗旨，是由學生所發起的一次愛國運動，表面上看來只是爭回山東權益，絕不將土地讓與日本，其更廣的涵義則是順應當時「民族自決」的思潮，因此對全中國及台灣都發生深遠的影響。

權、罔顧民意而起！今天的台灣，正處在備受壓迫的水深火熱中，我身爲知識分子，能坐視一切而無動於衷嗎？」賴和義憤塡膺地表示。

返台之後，賴和立刻加入林獻堂、蔣渭水等人所創的「台灣文化協會」，並在《台灣民報》擔任文藝欄編輯，舉辦各種文化活動，達到啓迪民智、喚醒民族意識的目的。

受到「五四運動」白話文學的影響，賴和以洗練的文筆陸續發表新體詩和小說，並積極培養青年作家，醫生賴和成了台灣新文學運動的領導人物。

滿懷愛國意識和民族情感的賴和，所作所爲引發日本當局的關注。他二十九歲時被捕入獄，便在獄中寫道：「一死原知未可輕，吾身不合此間生，如何幾日無聊裡，已博人間志士名。」出獄後的賴和，潛心佛學研究，沉澱自己的心靈。可是，當他得知孫中山先生逝世時，再度激發他憂國憂民的意識，他認爲孫先生爲國奮鬥，然而民國初建，政權卻被一群野心的軍閥所把持，以致孫先生積勞成疾，未能親眼看見軍閥被消滅，實在是太遺憾了。於是，賴和又寫下詩篇一抒己懷：「中華革命雖告成功，依然同室操戈，一統雄心尚未達，東亞聯盟不能實現，長使天驕跋扈，九原遺恨定難消。」

◎賴和在一九二八年加入《台灣民報》的創作群，這是日本殖民統治期間唯一代表台灣同胞言論的書報，其中內容深受各界讀者的喜愛，但因為必須經過總督府的檢查，某些文字經常被塗抹，難以還原全貌。

賴和之所以提倡白話文學，除了響應「五四」精神，更因爲他在看診的過程裡，接觸到平民百姓，讓他深深感覺到，文學不該專屬於少數知識分子，而必須普及到大眾多數，才能發揮文學的影響力。就如同魯迅曾發表白話小說《狂人日記》，賴和也寫了《鬥鬧熱》，成爲台灣新小說的開端。

賴和的文筆充滿感情，從關懷天下蒼生的角度出發，對日本人壓迫台灣的暴行提出抗議的怒吼，並在字裡行間描述台灣人權慘遭蹂躪的事實，他的作品感動了無數讀者，卻也招致總督府的不滿。一九四一年（民國三十年）賴和二度入獄，他平靜地寫下《獄中日記》，可是，監獄裡的生活條件實在太差了，賴和的健康情形每下愈況。第二年元月因病重而特准出獄，當月月底就去世了，年僅五十。

賴和一生都在日本的統治中，臨終時最大的憾事，就是未能看到日本戰敗投降而歸還台灣。在他短暫的有生之年，他不僅把醫學專長貢獻給鄉里，更把滿腔熱愛轉化成文學創作，開啓了新文學的契機，也抒發豐厚的民族情感，讓後人永遠記得那轟轟烈烈的一段時光……。

i

◎胡適、陳獨秀、蔡元培等人都是倡導新文化運動的先鋒，特別是胡適以「八不主義」鼓勵白話文的寫作，艱澀難解的文言文逐漸被白話文所取代，被稱為是文學革命。

◎留學日本的魯迅原本習醫，卻對文學產生濃厚的興趣，他的作品《狂人日記》，是民初的第一部白話文小說。

◎日本在戰敗後歸還台、澎，時為一九四五年，也就是民國三十四年。

黃土水

雕刻水牛的大師

盛夏午後，密布的烏雲顯現出「山雨欲來」的景象，黃土水牽著大水牛在樹蔭下納涼，享受這片刻「風滿樓」的舒暢。「大蠻牛，快要下大雨了，咱們得用跑的，你可不能拖著牛步慢慢晃啊！」黃土水拍拍牛背，開始向回家的路前進，大水牛似乎聽懂主人的命令，乖乖地跟隨。不一會兒，豆大的雨點落下，黃土水加快腳步，但是大水牛卻是不急不忙，任由雨水沖刷，清涼之外，又可以洗淨一身污泥。「你老兄還眞會享福啊！」黃土水不由得笑了起來。

黃土水出生於一八九五年（清光緒二十一年），也就是甲午戰後，清廷將台灣割給日本的時候。當時，全台各地仍不時爆發抗日事件，日本總督府爲了控制秩序，便以軍事鎭壓的方式來壓制這些抗日行動，但對於一般人民的生活，並沒有以積極的建設進行改善。黃土水是個典型的農家子弟，他的兄長在一家腳踏車廠做工，日子過得不算富裕，如今碰上政治變遷和社會動亂，家裡的情況就更艱苦了，黃土水深刻感受到父母的辛勞，即使他有心向學，也不敢提出要求。更不幸的是，在他十二歲那年，父親因病過世，家裡的狀況就更艱難了。後來，他雖然如願進入「公學校」（即今之小學）就讀，但他畢業的時候，已經是十七歲的少年了。

　　爲了減輕家裡負擔，黃土水考進國語學校師範科。記得在學期間，有一次應老師的要求，必須交一份美術作品當作業，黃土水用小刀刻了一座自己手部的塑像，雖然做工略嫌粗糙，但是靈巧生動的設計，卻讓老師大為讚賞。「土水，這是你自己做的嗎？」「老師，我的小刀不利，但是我很用心，這絕對是我自己做的。」黃土水囁嚅著說道。「別擔心，老師並沒有責怪你的意思啊！老師是說你做得非常好，可以往這方面發展。」「謝謝老師的誇獎！」黃土水露出一口白牙，開心地笑著。

　　得到老師的嘉許，讓黃土水的信心大增，他沉浸在雕刻的世界裡。他利用課餘的時間，刻了一些仿製品留給學校當紀念，這些作品引起了校長的注意，他決定推薦黃土水前往日本發展。

終於，當黃土水二十歲那年，他進入東京的美術學校就讀，依照個人的興趣，黃土水決定專攻雕刻，這在當時是一項較爲冷門的科目，可是，黃土水認眞地學習，並且得到名師的指導。

能夠不遠千里地來到日本，是黃土水從不敢奢望的事，如今，他竟能美夢成眞，黃土水由衷地感謝上天庇祐，所以，即使在東京的生活十分艱難，黃土水也從不叫苦。「土水，我看你最近的氣色不好，是不是太累了？」老師體貼地問道。「謝謝老師的關心，我在這兒學習非常快樂，一點也不累。」黃土水恭敬地回答。他並不想讓老師知道，爲了省錢，其實他每天僅以地瓜果腹，這種情形持續了好長一段時間，在不知不覺中，已經嚴重影響了黃土水的身體健康。

五年後，黃土水進入研究科繼續深造，他以一座「山童吹笛」的塑像，參加一場廣受藝壇重視的展覽會——「帝展」，作品幸運地入選了，大家開始對他刮目相看，二十五歲的黃土水在日本逐漸打開了知名度。

黃土水再接再厲，接連兩次的美展中又連中二元，日本藝術界十分重視這個來自台灣的人才，可是黃土水清楚地體認到，日本並不是他的故鄉，他的內心發出吶喊，召喚著他返回家鄉。

當他踏上故鄉的泥土，感覺是如此的親切；田裡的農夫伴著犁田的水牛，多麼寧靜美好的一幅畫面！黃土水決定把這最熟悉的景象，用藝術的手法表現出來。

爲了仔細觀察水牛，黃土水特別在研究室裡養了一頭牛，才能更進一步捕捉牠的神韻，讓原本呆板的雕刻靈活起來。黃土水用心地創作，並且結合自己的生活經驗，使「歸途」這件作品栩栩如生地呈現，其中刻畫了一頭大水牛和四隻小水牛在田間漫步，觀者彷彿能感受到泥土的芳香和農家恬靜無爭的生活。「歸途」還榮獲日本皇室的收藏。

「土水，你的成就是我們大家的光榮！」鄉親們引以爲榮。黃土水成爲台灣最有名的雕刻家，但由於長久以來營養不良，使他的健康情形每況愈下。當他因病去世時，僅僅只有三十五歲。

黃土水的作品留給人們無限的思念，例如現存於台北市中山堂一幅高九尺、長達十八尺的壁畫浮雕「水牛群像」，就充分顯現出他細緻的刻工，並流露出對家鄉的豐沛情感，讓人深深敬佩。

◎「公學校」，請參見第一百六十頁連橫篇。

◎當時的社會中以醫生和教師為最受重視的行業。

◎中山堂原名「台北公會堂」，是日本戰敗投降後舉行歸還台、澎典禮的地點，時為一九四五年（民國三十四年）十月二十五日，當時由行政長官陳儀代表接受。

蔡阿信

台灣第一女醫生

屋內傳來一陣陣急促的呼吸和痛苦的哀叫聲，屋外的人緊繃著神經，心裡七上八下地等待結果，原來，這是一個婦人生產時的景象。不知過了多久，裡面傳來娃娃的啼哭。「生了！生了！是個胖小子呢！」於是，道喜的道喜，歡呼的歡呼，每個人都是眉開眼笑。

這一家喜獲麟兒，而且母子均安，的確是可喜可賀。但是，不是每個人都能這麼幸運，在醫學不發達的時代，婦女生產是極危險的事，有時是嬰兒夭折或是母親犧牲，甚至可能母子雙亡，種種遺憾，不知造成多少家庭悲劇！而台灣的第一位女醫生蔡阿信，行醫生涯中不知救治了多少生命，造福多少家庭！

一八九九年（清光緒二十五年）出生的蔡阿信，因為家貧被賣為童養媳，後來逃脫返家，但母親又改嫁他人，好在繼父看她資質聰慧，便有心栽培她讀書，果然以優異的成績畢業於淡水女學堂。

這時已是「馬關割台」之後，日本對台灣的殖民統治中，並不注重高等教育，台灣子弟如果想要深造求取知識，就必須赴日留學，所以，蔡阿信進入東京女子醫學專門學校，成

了全台灣第一個研讀西洋醫學的女性。

蔡阿信學成之後返台，投身家鄉的醫療事業。「醫藥的不足、衛生習慣不良、觀念的錯誤，再加上人才短缺，多少病患因而枉死，所以，我必須以自己的專業，盡速改善這些現象。」蔡阿信自我期許著。

於是，蔡阿信在台中開設「清信醫院」，自宅經營婦產科醫院，但她殷殷告誡院內工作人員：「醫生的職責是先看診，等到結帳時，你們要留意病患的經濟狀況，如果實在繳不出錢，就不必收費了。」

此外，蔡阿信決定培育更多人才，彌補人手不足的現象。

蔡阿信創立「產婆講習所」。所謂「產婆」，是指協助婦女生產的助理人員。因爲，一般婦女在生產時，受限於路途遙遠或是經濟狀況艱困，而無法到正式的醫院去就診，只好把這攸關性命的大事交給產婆全權處理。可是，產婆並沒有接受專業的醫療教育，她們多半憑藉著經驗，再經由前輩指導，就這麼上場擔任接生的工作。

「這實在是太冒險了，一旦遇到突發狀況或是棘手的問題，依照產婆的認知，根本不知該如何處理！我不是說她們工作不認眞，而是她們根本不明白該如何認眞、如何搶時間急救，結果造成人爲疏失，究竟該怪誰呢？」蔡阿信不勝感嘆。

蔡阿信所培訓的助產士、必須在清信醫院確實地學習一整年，才能結業開始服務，她們的素質高，又具有醫理常識，眞是造福婦女無數。當大家感謝助產士的仁心仁術時，更感激的當然就是蔡阿信了。

蔡阿信在家鄉成了救人無數的活菩薩，但她並未以此自滿。一九三七年（民國二十六年）中日戰爭爆發以後，蔡阿信決定遠赴

◎日本統治台灣之初，人口僅兩百多萬，十年後增為三百一十二萬人（一九〇五年的統計），對醫療衛生方面的需求更是迫切。

◎一九三七年中日戰爭全面爆發，台灣成為日本南進的前進基地，總督府推動「皇民化運動」，並在一九四二年實施陸軍特別志願兵制度，招募台人從軍，以同樣的忠誠為天皇效忠，也造成從軍兵員嚴重的死傷。

美、加從事研究。「醫生不是上帝，不能決定病人的生死，但醫生應該不斷地尋求進步，因爲醫學領域浩瀚無窮，還有太多値得探究呢！」蔡阿信自我期許著。後來她還曾經在溫哥華開業，讓僑界對這位來自台灣的女醫生刮目相看。

中日戰爭結束後，蔡阿信在民國三十五年回到台灣，但是，國民政府接收的台灣卻是滿目瘡痍、一團混亂。不久爆發了「二二八事件」，無辜生命死傷無數，蔡阿信看在眼裡、痛在心裡。

蔡阿信的第二任丈夫是一位加拿大籍的牧師Gibson，由於時局不穩、社會不安，Gibson一再勸她暫離台灣：「國民政府接收台灣搞得人心惶惶，『二二八』的慘劇就是明證，現在和共產黨的爭鬥又再度失利，中國大陸完全被共產黨所控，國民政府被逼得退到台灣，但是中共的威脅依舊存在，誰知道將來會發生什麼事呢？」

「這些都是時代的悲劇，很難釐清究竟誰是誰非啊！」蔡阿信沉痛地回答。

「你身爲醫生，職責是救人，但如果遭逢亂世，恐怕連自保都成

◎爆發於民國三十六年的「二二八事件」，肇因於台灣民衆不滿「行政長官公署」的作為，以及陳儀和執政當局對台經營政策的失當。暴動及事後的鎮壓過程中，不僅社會不安，也造成大約兩萬八千人的死傷（根據行政院的「二二八事件研究報告」之估計）。

◎國民政府遷台之初，因為中共在大陸成立了「中華人民共和國」，海峽兩岸呈現緊張的軍事對抗局面。

問題，到時候別人救不了你，你也失去爲人服務的機會，那不是很可惜嗎？所以，我們應該先離開這兒，等到時局穩定再回來吧！」Gibson誠懇地說道。

蔡阿信在民國四十二年前往加拿大定居，直到最後以九十多歲的高齡辭世，期間她經常返台探望親朋好友，還捐出自己的積蓄，成立「財團法人至誠社會服務基金會」，救助社會上孤苦無依的寡婦。

蔡阿信用她的努力和愛心，爲自己寫下傳奇性的一生，也灌溉了她鍾愛的這片土地。

游彌堅

台灣觀光之父

游彌堅出生於一八九七年，正逢清廷戰敗、把台灣割給日本的悲慘年代。

「甲午戰敗，馬關割台，這些不是我們小老百姓所能左右，我們淪爲日本殖民地，我只能堅決地說，我的孩子絕不能是亡國奴，他必須牢記祖國的文化。」游彌堅的父親悲痛地陳述。他雖然只是一名農夫，卻深具民族意識。游彌堅到了入學的年齡，父親堅持不准他就讀日本人設置的「公學校」（即小學），而送他到私塾學習《三字經》、《四書》等中國文化，培養他的民族情感。

游彌堅一直等到十三歲，才被日本強制入學，成了公學校裡較年長的新生。由於他在私塾打下漢文的根基，加上積極、努力的求學態度，很快就成爲公學校的資優生，畢業後還擔任學校老師，頗受鄰里間敬重。

「殖民政府的作爲的確可惡，不過，日本是亞洲的先進國家，也有值得我們學習的地方。」游彌堅客觀地評論。於是，他決定到東京攻讀經濟，並且擴大自己的視野。

令人感嘆的是，日本人打敗中國以後，不可一世的傲慢之氣讓游彌堅很氣憤。這時候，滿清王朝已經滅亡，中華民國初建，游彌堅返回中國的北平（今北京）、南京等地，願為祖國貢獻心力。

游彌堅在南京結婚，本來想平靜度日，但是到了一九三一年（民國二十年），日本竟然發動對中國東北的侵略戰爭，並且肆無忌憚地佔領了東三省！游彌堅決定蒐集日軍侵華的種種罪證，經由政府向「國際聯盟」（類似今日的聯合國）提出控訴。由於他的這番作為，引起政界對他的重視，因而推荐他擔任中國駐法大使館的秘書。游彌堅欣然赴職，同時在巴黎大學進修，增進自己的修為。

由於日、德、義三國挑起了第二次世界大戰的戰火，中國又深陷在對日戰爭的痛苦中，處處民不聊生，激發了游彌堅悲天憫人的情懷。他一方面為國奔走效力，另一方面，他並沒有忘記故鄉台灣。

八年艱苦的戰爭終於結束了，日本戰敗投降。這時候，游彌堅以財政金融特派員的身分返台，受到鄉親的熱烈歡迎。民國三十五年，他擔任台北市市長，悉心規畫市政建設，使得飽受戰火蹂躪的台北市，能盡速繁榮進步。

游彌堅自幼生在台北，對於這塊土地，他有著深厚的情感，他一直以為，台灣是個美

◎日本在一九三一年（民國二十年）出兵瀋陽，攻佔東北，此即「九一八事變」，當時中國雖然向「國際聯盟」提出控訴，但是日本並沒有受到制裁，反而加重了侵華的野心。

◎日、德、義三國以「軸心國」的聯盟關係，對全世界展開侵略性的戰爭，此即第二次世界大戰。

麗的寶島，除了經濟開發以外，許多山川美景更值得推荐給世人，所以，他力倡觀光事業：「祖先留下絕佳的風景名勝，我們應該善加運用，因爲，這些資產既是台灣的光榮，又可以增加政府收入，促進地方繁榮，發展觀光是刻不容緩的事情！」

對於剛剛脫離日本統治的台灣來說，人民生活水準和國家整體建設都不夠完善，游彌堅提倡的觀光事業並不為一般人認同，有人甚至以為：「擔心吃不吃得飽都來不及了，誰還有心情去觀光玩樂呢？」

對於這些爭議，游彌堅不為所動，他是一個堅持理想的人，於是，他成立了「台灣風景協會」，把台灣美景介紹給國際，又呼籲政府從事林野的保育工作。設置國家公園的想法，就是他所籌畫的。

由於游彌堅的推廣，終於引起衆人對觀光的重視，到了民國四十五年「台灣觀光協會」成立，「風景協會」才自動撤銷。游彌堅一直擔任「觀光協會」的會長，把這個「無煙囪工業」發展得風風光光，所以他被尊稱為「台灣觀光事業之父」。

民國六十年，游彌堅以七十五歲的高齡病逝。他一生之中唯一的憾事，就是在他擔任台北市市長的任期內，不幸發生了「二二八事件」，外省人和本省人之間的誤會，一直讓游彌堅耿耿於懷，他有感而發，不止一次地對大家說：「凡是在台居住的人，只要他愛國家、愛民族、負責任、守紀律，都是中華民國的台灣人。」

◎民國三十六年的二月二十七日，因為專賣局官員在台北市延平北路查緝私煙時，和民衆衝突而誤傷一人致死，次日即引發數百名群衆的抗爭，期間不幸又造成死傷，民衆因此遷怒外省人而加以報復，導致國軍於三月底登台鎮壓。

楊逵

正義的台灣文學家

夜幕逐漸低垂，沉靜的村莊裡突然傳來一陣陣狗吠，接著是紛雜的腳步聲和軍警的喝斥，大家嚇得躲在屋裡不敢出聲。年僅十歲的楊逵，透過門縫往外看，只見幾個壯丁遭到日警一陣毒打，然後被強行帶走，聲聲哀嚎讓人不寒而慄，村民們驚惶的眼神道出無盡心酸。這時是一九一五年（民國四年），台南玉井爆發大規模的抗日行動，日本人大肆搜捕抗日分子，史稱「西來庵事件」。

「西來庵事件」就發生在楊逵的住家附近，上千人被逮捕、數百人遭屠殺，日本人的暴行在楊逵心中烙下不可磨滅的傷痛。他厭惡總督府對台灣的殖民統治，但因自己年幼，而無法加入抗日的行列。「日本人只知搜括物資，可曾顧及人民生活？」楊逵憤恨在心。因為，在當時不公平的社會裡，貧窮的老百姓有了病痛，只能自求多福，楊逵的弟妹們得不到醫療照顧，一個個夭折，讓悲苦的生活蒙上

◎「西來庵事件」請參見第一四九頁余清芳內文。

◎日本對台殖民統治之初，就確立了「農業台灣、工業日本」的經濟政策，僅將台灣當成是熱帶經濟作物及糧食的生產地，以供應日本國內的需求為主要目標。

◎受到「台灣文化協會」思想的啓迪，農民也產生覺醒，甚至是階級意識，他們用集體行動向日方、地主和糖廠進行抗爭，以爭取自身合理的權益。

更多不幸。

雖然痛恨日本的統治階層，但楊逵讀小學的時候卻遇到一位和善的日籍老師，老師關心他的身體健康，並撥出時間指導他英文和數學，絲毫未因他是台灣人而加以歧視。楊逵在學校裡得到溫馨的對待，也奠定良好的知識基礎，對他日後的升學，有著極大的助益。

中學階段的楊逵，發現課本已經無法滿足他的求知慾，他閱讀大量課外書籍，甚至興起留學日本的念頭。「總督府用愚民政策統治台灣，要求人民乖乖順從，根本不想好好教育大家；如果想要拓寬眼界，增加知識，就必須走出去！」楊逵雄心萬丈。但是，工人出身的父親收入有限，面對兒子志在四方，顯得有些爲難。「別擔心，哥哥幫你想辦法！」楊逵的兄長們七拼八湊地，讓楊逵如願踏上留學之路。

年方十九的楊逵進入日本大學文學藝能科夜間部就讀，白天就拚了命地打工。爲了賺錢，楊逵做過送報員、清道夫和工人，爲了省錢，楊逵一天只吃一頓飯，日子即使過得清苦，楊逵卻從浩瀚的知識領域裡獲得無比的快樂。

隨著年歲增長，楊逵的民族意識逐漸萌芽，他深深體會台灣農民的痛苦，在層層剝削下，農民的收入有限，根本無法改善生活。這時，台灣農民也逐漸覺醒，大家紛紛組織農會，爲保障自己的權益而抗爭。

「現在該是我為鄉親盡一份心力的時候了。」楊逵決定退學返鄉，投身農民運動。

楊逵返台後結識了志同道合的葉陶，兩人成為夫妻一起打拚。但是，因為言論激烈觸怒了日本官方，楊逵免不了牢獄之災，不過他毫不退縮，依然堅持要為農民爭取權益。有一次，楊逵又遭到逮捕，因而延誤婚期，楊逵卻一派輕鬆地表示：「這沒什麼啦！『鐵窗』裡面有飯吃、有地方住，就當是日本警察請我和葉陶一起度蜜月吧！」

經過多年歷練，楊逵的文筆有了相當的進步，一九三四年（民國二十三年），楊逵所寫的《送報伕》入選東京《文學評論》二等獎（一等獎從缺），顯示出日本文壇對楊逵的重視。《送報伕》經由魯迅學生的翻譯，在上海發行後也引起一番回響，楊逵的努力終於有了代價。

藝文方面的成就，並沒有改善楊逵清貧的現況，他曾經因為積欠米店二十元日幣而挨告，好在一個日本警察對楊逵一直很友善，及時支援了一百元，幫楊逵度過難關。

「我這個人適合獨居，如今只能說是不如歸去！」楊逵在台中租了一塊地，過起蒔花種菜的生活。艱困的物質條件反而讓楊逵樂在其中，因為可以與世無爭、自得其樂。可是，隨著時局的轉變，楊逵的命運步步走向險境。

一九四五年（民國三十四年）日本戰敗投降，楊逵和所有人一樣，欣喜地迎接國民政府前來接收，但由於「行政長官公署」一連串政策的失當，引發台民的怨恨，而導致「二二八事件」。這時候，楊逵覺得他有責任提筆爲文，對當局提出一些建言，於是，楊逵寫了近千字的「和平宣言」，希望喚醒大家的共識，避免再發生類似「二二八」的悲劇。

這時正是國共交戰的關鍵時刻，局勢混亂且人心不安，「和平宣言」的內容，讓執政者誤以爲楊逵是叛亂分子，甚至把楊逵視爲共產黨派來的奸細，楊逵因此被判了十二年徒刑，和一群政治犯一起被送到綠島服刑。

本名楊貴的楊逵，當年因爲欽佩《水滸傳》裡的英雄李逵，而自己改名「楊逵」，來到荒涼偏遠的綠島，楊逵更體會出時代英雄該具備的豪情和毅力。他忍受著行動的不自由，而把思緒發揮在文藝創作，這十二年期間，他陸續完成許多作品，也安慰自己受創的心靈。

出獄後的楊逵隱居在台中近郊，以簡單的花藝維生，隨著時局穩定，楊逵的作品獲得解禁，讓他再度馳名文壇，但對他來說，安定的日子來得更重要。「我一生飄零，憂國憂民，如今只剩這些花草是我的良伴。」楊逵無限感慨。他在一九八五年（民國七十四年）去世，享年八十。

◎《水滸傳》是敘述梁山泊一百零八條好漢行俠仗義的故事，是我國著名的章回小說，作者是施耐庵。

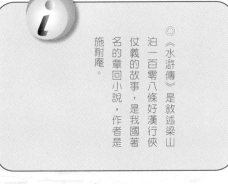

江文也

譜出台灣之美的音樂家

阡陌縱橫的一片綠野，幾隻白鷺翩翩飛舞，點綴著農舍飄出的裊裊炊煙，如詩如夢的畫面呈現在江文也眼前。「啊！這不就是我夢中的景象嗎？我親愛的故鄉，我眞的回來了。」江文也心裡吶喊著。他貪婪地望著眼前的景色，沉醉在返鄉的溫馨裡。

一九一〇年（清宣統二年）出生在台灣三芝的江文也，原籍福建，他是江家來台後的第三代。江文也的父親在台海兩岸從事貿易，收入頗豐，爲了擴大生意營運，江家舉家遷回福建定居，這時候，江文也只有八歲，但台灣的一草一木，在他心中仍舊留下不可磨滅的印象。

江文也從廈門書院畢業後，直接到日本就讀中學，之後考取工業學校電氣科，他對機械理論並沒有多大興趣，反而對音樂產生無比的熱愛。「稀奇古怪的機器把我搞得頭昏腦脹，但只要一碰到五線譜，我立刻精神百倍。」江文也半開玩笑地說著。

江文也二十二歲時加入日本演藝界頗負盛名的一家歌劇團，擔任演唱者，因而認識了上田市市長的女兒，兩人情投意合結了婚，這是江文也的第一次婚姻。

◎十七世紀的中國大陸人口已超過飽和，在人口壓力導致謀生不易的困窘下，許多閩（福建）、粵（廣東）居民便選擇移民來台發展。

這時候，台灣在日本的殖民統治下，已由激烈的武裝抗日轉型到和緩的社會運動，以減少生命的犧牲。有志之士採取集會、請願的手段，向總督府提出台灣人民的要求，而一些具有教育文化背景的學者，則以文化宣導、普及教育的方式，喚醒台灣人民的民族意識。旅居日本的江文也，就在這種情況下，受邀回台參加「返鄉音樂會」。

二十五歲的江文也第一次踏上故鄉的土地，一種親切感油然而生，他利用巡迴演唱會的空檔，蒐集各地的民歌資料，並且飽覽山川風光。「兒時的記憶、夢裡的幻境，原來就是美麗的寶島。」江文也興奮地大喊。

每當閉目沉思，台灣農村恬靜優雅的畫面依稀就在眼前，於是，江文也創作出管絃樂

「白鷺的幻想」，獲得日本全國音樂作曲比賽的第二名，從此奠定江文也在日本樂壇的地位。

之後，他又以「台灣舞曲」，在柏林的奧林匹克運動會文藝比賽中獲獎，江文也成爲第一個揚名於國際樂壇的台灣音樂家，連巴黎電台都開始播放江文也的作品，他的名聲傳遍歐洲，儼然擁有大師級的風采。

「我的出生地是台灣，祖籍是中國福建，相信中國更能激發我的創作靈感。」江文也表達將遠赴中國的意念。「如果你眞的這麼認爲，那就放心地去吧！」妻子體貼地表示，她萬萬沒想到，這一別竟是永別。

一九三八年（民國二十七年），江文也滿懷著憧憬，來到故都北平（北京），在師範大學擔任教授。當時由於中日戰爭已經爆發，日本除了以軍事力量意圖征服中國，更企圖利用漢奸僞組織，達到瓦解中國的目的。旅日歸來的江文也，正好是日本人爭取的對象。

「我是做音樂的，根本不懂政治，也不知道你們這個『新民會』在搞什麼。」江文也天眞地說。「是啊！就因爲您是音樂家，我們才想借重您的長才，您只要幫忙譜幾首曲子，和政治絕對沒有關係。」日本人陪著笑臉說道。其實，這「新民會」就是個親日的漢奸組織，江文也單純地以爲只是作曲，便認眞地完成任務，還自豪地說：「受人之託忠人之事，這才是做人的道理啊！」

回到祖國的江文也，在音樂素材的收集上，彷彿是如魚得水般快活。「中國地大物博，不論是古典音樂，還是民俗樂曲，都能讓人沉浸其中，所以，我不只是蒐集整理，更要以創作賦予它們新生命，讓中國音樂得以遍傳全世界。」

江文也所編的「大地之歌」、「香妃傳」、「孔廟大成樂章」等等，不僅傳頌一時，更把中國傳統文化的精華推向西方世界。但是，無情的政治演變把他推向人生險境，當中日戰爭結束，日本宣布戰敗投降時，江文也因爲曾幫「新民會」作曲，國民政府竟把他視同漢奸，因而被判刑十個月。

出獄後的江文也在北平一所中學擔任教職，此時國共內戰激烈，面對詭譎多變的局勢，江文也不禁慌了手腳。「我看哪兒也別去，就留在北平，以不變應萬變。」江文也把決定告訴妻子。這是他的第二任妻子吳韻眞，從此陪伴他走過後半生的坎坷路。

「中華人民共和國」成立不久，便掀起一連串的鎮反運動，當全民瘋狂高喊「毛主席萬歲」時，江文也莫名其妙地被扣上「反革命」罪名，遭到殘酷的整肅。「這些人都瘋了嗎？批鬥我也就算了，竟然

◎有別於日本在台殖民初期「武裝抗日」的激烈，社會運動是以集會、請願的方式來宣達台灣民眾的訴求，和總督府進行長時期的抗爭。

◎當時在中國成立的親日派傀儡政權，以東北「滿洲國」的溥儀和南京偽政府的汪精衛最有名。

破壞那些音樂手稿，我要跟他們拚了！」江文也的家被抄、資料被毀，連鋼琴也被砸爛了，溫文儒雅的音樂家第一次發出怒吼。

「你去不得啊！『紅衛兵』喪失理智和人性，此時此刻我們只求保命了。」妻子流著淚勸說。江文也的命是保住了，但被打入「牛棚」接受勞動改造，這是他悲慘際遇的開始。

江文也每天背著竹筐掃廁所、做苦工，十年之間被折磨得不成人樣。直到「文化大革命」結束，全國恢復秩序，江文也被宣告無罪而歸還自由之身，這時他已是六十七歲的老人了。

「我的時間不多了，但編曲工作還沒完成，我得抓緊時間趕工了。」江文也期許用跳躍的音符，譜出優美的台灣民歌。不幸的是，當他六十八歲正執筆於「阿里山的歌聲」時，因爲腦中風而癱瘓，五年後去世。

葬在北京的江文也是華人世界裡最受推崇的音樂家。他的樂章抒發了民族情感和人文關懷，讓人感動又沉醉，正如他自己所說：「音符是美的，而音樂永遠不朽。」

◎毛澤東以「鳴放運動」肅清了對黨及他個人提出批評的知識分子，據估計約有近五十萬人遇害，他們遭到嚴苛的迫害整肅，有的甚至喪失生命。

◎「文化大革命」期間，青年男女組成「紅衛兵」，人手一本《毛語錄》，用「造反有理、革命無罪」的幌子，到處從事鬥爭和破壞。

◎毛澤東的妻子江青策動「紅衛兵」發動「文化大革命」，時間長達十年（一九六六－一九七六），結果造成社會動盪不安、文物珍寶遭受無情的破壞，中共當局自己都承認這是一場「十年浩劫」。

施乾與施照子

無私無悔的大愛

淒風苦雨的深夜，一個無家可歸的乞丐，瑟縮在街腳的屋簷下，藉著長廊的一隅避避風雨。乞丐無助地遙望遠方燈火，卻也燃不起他心頭的一絲希望。

「這些乞丐會凍死、餓死嗎？」施乾天真地問。

「那就得看他們的造化了。所以說，人要多積德，下輩子才不會變成無依無靠的乞丐哪！」父親趁機會教育孩子。施乾生在淡水的富裕人家，從小沒吃過苦；但是，他天生就有悲天憫人的情懷。他成年以後，清廷在中日甲午戰爭中戰敗，把台灣割給了日本。日本總督府統治台灣時期，施乾以優異的學業成績進入總督府擔任技師。

「爲了防範遊民、乞丐製造動亂，引起社會的不安，總督府打算對台北地區的乞丐進行一次總調查，你就負責這項任務吧！」施乾接受上級命令，開始從事乞丐的生活調查。在工作中，施乾卻由衷地對他們產生同情，眞心想要幫助他們。

施乾自己花錢請醫生幫乞丐治病，還趁著下班時間教乞丐的

●施乾相

孩子讀書、認字。「乞丐並不笨，他們只是沒有機會求學，才失去了謀生的技能，如果我能幫助他們自立，不也是幫社會解決一些問題嗎？」

爲了幫助更多的乞丐，施乾乾脆把總督府的工作給辭了，甚至變賣全部家產，

在艋舺（今萬華）購買土地，再央求經營木材的叔叔捐出建材，興建一座乞丐收容所，名爲「愛愛寮」。

「竟有這麼傳奇的故事，眞是了不起了！」年輕的清水照子讚佩地說。

「這可不是故事呵！這是眞人眞事，其中的主角叫作『施乾』。」照子的鄰居施秀鳳是施乾的堂兄弟，他向日本友人介紹堂兄的義舉。

情竇初開的照子，把素未謀面的施乾視爲英雄人物，竟對他產生一種奇妙的好感。

「如果有機會，我眞想見見他。」照子心裡想著。

施乾在台灣忙於乞丐的收容和救助，連他的妻子也一起投入工作。一九三三年，妻子因爲太勞累而過世，施乾很傷心。爲了減輕他的喪偶之痛，施秀鳳介紹施乾和遠在日本京都的照子通信，雙方藉由書信往返，談談未來的抱負和理想。

每當接獲施乾的來信，就是照子最快樂的時光了。可是，照子的父母很不高興，因爲照子的家境富有，在地方頗有名望。已達適婚年齡的照子，應該經由媒妁之言嫁個門當戶對的好人家，而不是和台灣的施乾互訴心聲。

◎過去痲瘋病一直被視為恐怖的傳染病，不僅因為病毒具傳染性，更因為桿狀菌毒侵入皮膚和末梢神經後，會造成毛髮脫落、五官變形的慘況，而且極難治癒，因此大家都不願和痲瘋病人有所接觸。

「妳這麼任性胡鬧，簡直是不像話！」父親嚴肅地說。

一九三四年，施乾來到京都，終於和照子見面了。雙方經過一番相處，照子決定嫁給施乾。

「女兒，妳不聽我們的勸告，嫁到那麼遠的地方，將來如果吃苦受罪，可怪不得別人哪！」母親傷心地說。

「放心吧！媽媽，如果他對乞丐都能保有一分愛心，你們還需要懷疑他的品德嗎？」於是，照子跟隨施乾來到台灣，並從夫姓而改名爲「施照子」。

「愛愛寮」從此多了照子的奉獻。她無怨無悔地照顧乞丐，並且又收容了痲瘋病人和精神病患。照子無私的做法，贏得衆人的尊敬。當時的社會保守，根本沒人願意接近這些人，照子和丈夫同心協力地付出，眞的是難能可貴。

婚後十年，施乾感染了肺結核去世。照子很傷心，但是她必須堅強，因爲年幼的孩子等著她照顧，「愛愛寮」的一切更有待她的張羅。

當時正是二次世界大戰末期，日本在軍事方面已露疲態。台灣是殖民地，物資匱乏可以想見。「愛愛寮」收容近兩百人，為了維持龐大的開銷，照子甚至變賣訂婚戒指。

「這只不過是個紀念，還不如換取糧食、讓大家吃飽來得實際呀！」照子語重心長地說。

二次大戰結束，照子割捨不下「愛愛寮」裡的人，堅持留下來。

「我已經是台灣人了，請不要把我當成日僑而遣返日本。」照子堅定地表示。從此以後，她歸化中華民國國籍，成為我國的國民。

照子繼承先夫遺志，經營「愛愛寮」數十年如一日。民國六十五年，「愛愛寮」改名為「台北市私立愛愛院」，收容的對象擴及到一般貧苦無依的老人。照子以無比的愛心，照顧老人的飲食起居，甚至到了自己年事已高，照子每天還是拄著拐杖，裡裡外外地在院裡巡視，希望大家都能得到很好的照顧。

照子於民國九十年去世。她在台灣生活超過半世紀，對社會的貢獻，值得所有人的尊敬。

i

◎挑起二次大戰的三個侵略國「軸心國」，其中義大利和德國分別在一九四三年和一九四五年投降，剩下日本雖堅持戰事但卻難以久撐。當時美國以凌厲的攻勢遍炸日本工業城市，每次出動數百架飛機進行大轟炸，日本已經喪失作戰能力了；直到一九四五年八月，美國在日本的廣島和長崎投擲原子彈，數日後日本便宣布投降。

◎日本宣布投降後，蔣中正在「不念舊惡」的原則下不圖報復，認定只與日本軍閥為敵而不為難一般百姓，當時在台的日籍人士大都被遣返回日。

中小學生必須認識的台灣歷史人物

2005年10月初版
2016年3月初版第四刷

Printed in Taiwan.

定價：新臺幣350元

著　者　曹若梅
繪　圖　官月淑
審　校　施志汶
總編輯　胡金倫
總經理　羅國俊
發行人　林載爵

出版者　聯經出版事業股份有限公司
地址　台北市基隆路一段180號4樓
台北聯經書房　台北市新生南路三段94號
電話　(02)23620308
台中分公司　台中市北區崇德路一段198號
暨門市電話　(04)22312023
郵政劃撥帳戶第0100559-3號
郵撥電話　(02)23620308
印刷者　文聯彩色製版印刷有限公司
總經銷　聯合發行股份有限公司
發行所　新北市新店區寶橋路235巷6弄6號2F
電話　(02)29178022

叢書主編　黃惠鈴
　　　　　陳逸茹
校　對　吳美滿
整體設計　林宥蓁

行政院新聞局出版事業登記證局版臺業字第0130號

本書如有缺頁，破損，倒裝請寄回台北聯經書房更換。　ISBN 978-957-08-2917-4 (平裝)
聯經網址 http://www.linkingbooks.com.tw
電子信箱 e-mail:linking@udngroup.com

國家圖書館出版品預行編目資料

中小學生必須認識的台灣歷史人物
/ 曹若梅著．官月淑繪圖．--初版．
--臺北市：聯經，2005年
264面；17×23公分．
ISBN 978-957-08-2917-4（平裝）
[2016年3月初版第四刷]

1.小學教育-教學法　2.中等教育-教學法
3.台灣-傳記-通俗作品

523.34　　94017715

中小學生必須認識的
台灣歷史人物